【決定版】
フリーランスビジネス大全

ゼロから月収100万円を達成する完全攻略ロードマップ

KADOKAWA

はじめに

　この本を手に取ってくださったあなたは、フリーランスになりたいと思っている人でしょうか？

　それとも、すでにフリーランスとして活動を始めている人でしょうか？

　いずれにしても、フリーランスという働き方に興味を持ち、

「自分の力で稼ぎたい」

という熱意を持っていたり、

「このまま会社員でいていいのだろうか？」

というモヤモヤを感じたりしている方だと思います。

　そんなあなたに質問です――。

この本を手に取った目的は何でしょうか？

「稼ぎ方を知りたい」「不安を解消したい」「自由な働き方を実現したい」など、細かい理由はいろいろあるかもしれませんが、きっとその根本には、フリーランスとして成功したいという願いがあるはずです。

　ここで朗報です。 多くの人は「フリーランスになってもすぐには稼げないのでは？」と思い込んでいますが、実はそれは誤解です。 大抵の人は、意外とすぐに稼げるのです。

なぜなら、会社で10年以上働いてきた人であれば、何かしら他者に売れるスキルをすでに持っていることが多いからです。

あなたがそのスキルをまだ「稼ぎ」に直結させていないのは、ただ「自分で売る方法」を知らないだけ。

これまでは、会社がそのスキルを買い上げ、給料として支払っていただけのことです。つまり、**スキル自体は市場で通用する価値がある**のです。

考えてみてください。社会にとって役に立たないスキルや人材が、会社で給料をもらっているわけがありません。

もしこれまで個人事業主として生計を立てるのに苦労したことがあるとしたら、その理由は単純明快——あなたのスキルをお金に換える方法、つまり**「マネタイズ能力」が不足していただけ**なのです。

さらに言えば、フリーランスとして成功するためには、自分のスキルに値段をつけ、販売する術だけでなく、法務や財務、マーケティングの知識も欠かせません。

これらを学ぶことで、**フリーランスへの道が一気に開ける**のです。

この本には、私自身がこれまで自身の営むデザインスクールで教えて

きた実践的で効果的な内容を凝縮しました。

しかし、安心してください。 これは**デザイナーだけのための本ではありません。**

この本には、すべての職種のフリーランス志望者、そして現役フリーランスがすぐに役立てられるノウハウが詰まっています。

さて、ここからが本題です。
フリーランスとして成功するためには、これまで会社員として培ってきた

「常識」や「基準」

を根本から変える必要があります。
「フリーランスになったら自由になれる」と思っている方も多いですが、ただ会社の外に出て働き方を変えるだけでは不十分です。

新しい基準で生きる覚悟を持つこと。 それこそがフリーランスとして成功するための第一歩です。
ですが、大丈夫です。 怖がる必要はありません。
あなたがフリーランスになりたいと思ったのは、きっと次のような想いがあるからではないでしょうか?

「もっと自由に生きたい」
「自分らしく働きたい」
「人生を変えたい」

その想いは、決して間違っていません。

むしろ、その想いこそが、あなたをフリーランスとして成功へと導く最大のエネルギーです。この本は、そのエネルギーを正しい方向に導くための地図となるでしょう。

本書を熟読し、新しい基準を身につけ、それを実践してください。そうすれば、あなたは必ず稼げるようになります。そして、その先には、**これまでとはまったく違う、新しい人生の扉が開かれる**でしょう。

さあ、一緒にその扉を開きましょう！

あなたの新しい未来をつくる旅は、このページから始まります。最後までお付き合いください！

2025年1月
株式会社日本デザイン代表
大坪拓摩

目次 ▶▶▶ ［決定版］フリーランスビジネス大全
ゼロから月収100万円を達成する完全攻略ロードマップ

はじめに ………………………………………………………………… 6

第 0 章
脱会社員のマインドセット

0-1	「フリーランスになる」とはどういうことか	18
0-2	99％の人が誤解している「フリーランス」の本当の意味	20
0-3	フリーランスになっても成功できないのはどういう人？	23
0-4	フリーランスに安定はありえない	24
0-5	会社員の間にやっておくべきこと　知っておくべき現実	26
0-6	フリーランスとして成功するために一番必要なもの	28
0-7	夢を現実に手繰り寄せる方法	32
0-8	ターニングポイントを振り返り自分自身を知る	38
0-9	現在地、目的地、到達するための手段	44
0-10	ゴールへたどり着くための具体的な考え方	46
0-11	「夢」の達成率を上げる　願望達成構文	51

第1章

「生き方」 と 「働き方」

1-1	フリーランスはどんな働き方？　メリット	56
1-2	フリーランスはどんな働き方？　デメリット	58
1-3	生き方・働き方を自ら選ぶこと	61
1-4	フリーランスとして幸せになるための人生設計 生き方の4分類	68
1-5	フリーランスとして幸せになるための人生設計 働き方の4分類	73
1-6	お金を稼げるだけのスキルや専門知識があるか	81
1-7	市場をリサーチしてスキルの棚卸しをしてみよう	82
1-8	リスクと安全性、初期投資と損益分岐点	85
1-9	ネットワークとコミュニティ、既存人脈の重要性	88
1-10	「気持ちよりも売上」　クライアントのニーズをつかもう	91
1-11	自己成長の機会　将来的キャリアパスへの継続	93

第2章

フリーランス開業基本の 「き」

2-1	節税効果もあり　とにかくまずは開業してみよう	96
2-2	個人事業主の「お金」の話	99
2-3	ざっくり確定申告の手順を押さえておこう	101

| 2-4 | 独自ドメインは信頼の証 | 104 |
| 2-5 | 事務所は？　資金は？　本格的に事業に乗り出そう | 109 |

第3章

成功の裏法則
コンセプトメイキングの極意

3-1	肩書とプロフィールはコンセプト	134
3-2	1万人に1人を目指せ	136
3-3	売れるコンセプトの作り方	139
3-4	トレンド分析と未来予測	141
3-5	フリーランスとして生き抜く上で重要な「抽象化」	143
3-6	ポジショニング戦略	146
3-7	才能と強みを一瞬で引き出す方法	149

第4章

プロフィールと屋号が売上を生む

4-1	プロフィールを作ってみよう	152
4-2	誰でも最強のプロフィールが作れる7つのポイント	154
4-3	無意識に共感を生む効果あり　趣味を書くことも重要	160
4-4	掲載先によってプロフィールを最適化する	161

4-5	屋号が第一印象を決定づける	164
4-6	成約率にもプラス　屋号の重要性とメリット	165
4-7	9割の人が見落とす　屋号が収入に直結するという事実	170
4-8	年収が3倍上がる屋号をつけるための11の要素	172
4-9	屋号の良し悪しを判断する　6つのチェックポイント	178
4-10	11の要素と6つのチェックポイントで収入アップ	182

第 5 章

「自分」という価値をいかに高めるか

5-1	課題解決と目標達成　成約のパターンは2つだけ	186
5-2	自分が提供できるサービスと価値を理解する	188
5-3	365日で70万円と45日で70万円の講座 どっちが高いか	190
5-4	機能、優位性、便益　FABで自分の価値がわかる	192
5-5	フリーランスが「自分」という商品価値を上げる方法	194

第 6 章

自動的に仕事が舞い込む営業活動

6-1	ビジネスマナーを押さえるだけで信用を勝ち取れる	198
6-2	アイスブレイクと「さしすせそ」で打ち解ける	200
6-3	実戦的ロールプレイング	203

6-4	チャンスをものにできるかは段取りが勝敗を分かつ	205
6-5	出会ったらすぐに連絡　フリーランスはスピードが命	207
6-6	交流会の種類と目的を明確にする	209
6-7	「タダでもやります」は正解？　フリーランスのキャリア戦略	212
6-8	仕事が途切れず入ってくる　販促ツールの重要性	216
6-9	歩留まり計算でタスク化　目標の設定と実行が成功の肝	223

第7章
クライアントワークが連続受注の肝

7-1	ヒアリングシートで勝負が決まる	226
7-2	仕様書の作成がトラブル防止につながる	232
7-3	見積書の書き方	234
7-4	契約書の作り方	236
7-5	サブスクの契約書	247
7-6	秘密情報と秘密保持契約書	258
7-7	収入印紙の取り扱いと節約方法	264
7-8	放置しないのが原則　制作途中のコミュニケーション	267
7-9	見積書・請求書はシンプルでOK	268
7-10	連続受注のためのアンケート	269
7-11	送り状は必ずつけるべし	272
7-12	クレームや問題が起こった際の対処法	274

第 8 章
法人化・組織化で事業を拡大しよう

8-1　コストよりもリターンが大きい　法人化のメリット……… 276

8-2　従業員を雇って組織化するポイント………… 282

あとがき………… 286

特典
フリーランス Q & A

Q&A　キャパオーバーの時はどうするか………… 290

Q&A　フリーランスとして一番重要なことは？………… 291

Q&A　給料アップの交渉のタイミングは？………… 292

Q&A　営業の方向性で悩んでいます………… 293

Q&A　情報収集はどのようにすればいいですか？………… 294

Q&A　ヒアリングスキルを上げるためにはどうすればいい？……… 295

装丁デザイン　安賀裕子

本文デザイン　松岡羽（ハネデザイン）

校正　　　　　西岡亜希子

編集協力　　　山下久猛

編集　　　　　五十嵐恭平

第 0 章

脱会社員の
マインドセット

0-1 「フリーランスになる」とはどういうことか

　私は仕事柄、多くの人から「フリーランスになりたいんです」と言われます。そのような人に対してよく聞くのが、「**そもそもフリーランスとは何か、わかって言っていますか?**」ということです。

▶ 名乗ったその日からフリーランス

　ほとんどの人はフリーランスがどのような存在なのか、正しく理解していません。

　では「フリーランス」とはどのような存在なのでしょうか。その定義を説明するために、面白いエピソードを紹介しましょう。

　私は学生のころ、3年間だけ武蔵野美術大学建築学科に在籍しました。建築学科を選んだのは、人を幸せにするためにはよい家が必要だと信じていたからです。しかし、最も勉強になったのは建築学科ではなく、デザイン情報学科の授業でした。

　1年生の時に、佐藤先生というエッジの効いた、当時新進気鋭の有名な先生の授業を受けた時のことです。

　佐藤先生は最初に学生に向かって「この中でデザイナーの人はいますか?」と尋ねると私を含め、誰も手を挙げませんでした。次に「ではこの中でデザイナーを名乗りたい人?」と質問しました。その学科はデザイナーになりたい学生が集まるので、ほとんどの学生が手を挙げました。

　あなたは「その反応は学生だから当然」と思うでしょう。しかし佐

藤先生は違いました。「デザイナーは国家資格ではありません。名乗ったその日からデザイナーです。なのになぜ君たちはデザイナーと名乗らないのですか？」と問いかけたのです。

▶ 誰かの承認も特定の資格もいらない

　この言葉を聞いた時、「確かにその通りだ」と強く思いました。デザイナーとは誰かに認められてなるものではなく、自分で名乗るものなのだと。

　フリーランスもそれとまったく同じです。医師や弁護士、会計士、税理士、司法書士などは、国家試験に合格してその仕事を遂行するに値する知識やスキルがあると国から認定されなければその職業には就けません。

　しかし、フリーランスにはそのような資格は必要ないので、**「私はフリーランスです」と自己紹介すれば、その瞬間から誰もがフリーランス**なのです。

　ただし、「フリーランスになる」と「フリーランスとして成功する」はまったくの別物です。

フリーランスに資格は不要。
名乗ったその瞬間から、
フリーランスの仲間入りです！

0-2

99%の人が誤解している
「フリーランス」の本当の意味

　フリーランスになったら自由に働けてたくさん稼げて幸せになれると勘違いしている人が多いのですが、そのような人ほど失敗します。その理由はフリーランスとして働けていないからです。

　「どういうこと？」と疑問に思った人も多いでしょう。それを説明するためには、まず「フリーランス」という言葉の意味を正しく理解する必要があります。

▶ 特定の国や主君に縛られない戦士が語源

　フリーランスは略語で、元々の言葉は「フリーランサー」です。その語源は、中世のヨーロッパまで遡ります。

　中世ヨーロッパでは、君主は外敵から国を守るために、国民の中から戦士を募って、騎士団を編成するのが一般的でした。各々が得意な武器を使って戦っており、その中で、長い槍＝ランスを使う戦士を「ランサー」と呼んでいました。

　中には、**特定の国に所属することなく、報酬次第で主君を変え、戦うランサーたちも存在しました。**今で言う傭兵ですね。国としても、戦争に勝つためには、国を守りたいという愛国心や誇りを持つ自国民でなくても、ただ金さえ払えば敵を大量になぎ倒してくれる強い戦士がほしい。その利害の一致で多くの「無所属の槍使い」が生まれました。

　彼らは**特定の主君や領主に縛られず、報酬を得るために独立して戦うことができたため、「フリーランス」と呼ばれるようになりました。**こ

20

れがフリーランスの語源です。

フリーランスなら誰もが知っている、日本最大級のクラウドソーシングサイトの「ランサーズ」のロゴが槍を持った騎士になっているのはそういうことです。

この概念は後に転じて、**どの組織にも属さずに仕事を請け負う職業人全般**を指すようになりました。特に19世紀から20世紀初頭にかけて、ジャーナリストや作家などの分野で「フリーランス」という用語が広く使われるようになりました。

▶「フリー」は「自由」という意味ではない

現代では、フリーランスは特定の企業・団体に所属せず、さまざまなクライアントに対して自分のスキルやサービスを提供して報酬を得る個人を指す言葉として広く認識されています。

皆さんが就こうとしているのは、そのような職業なのです。

つまり、**フリーランスの「フリー」は「自由」ではなく「無所属」という意味合いの方が強い**のです。ここが非常に重要なポイントです。

無所属ということがどれほど恐ろしいことかわかっていない人が多いと感じます。会社員なら仕事でミスをしても会社が守ってくれますし、法令違反でもしない限り解雇になることはまずありません。

しかしフリーランスは違います。**クライアントからの報酬をすべて自分にいただく代わりに、クライアントが納得する相応のものやサービスを提供しなければ次はありません。たった1つのミスで仕事を失い、路頭に迷うリスクもあります。**

だから自分の好きなように自由気ままに、思い通りに仕事をすることなど、できるはずもありません。フリーランサーになった瞬間、自由を得られるのではなく、むしろ自由にしてはいけない立場。あくまでも成功したら結果として自由を勝ち取れるかもしれない、という働き方

第0章 脱会社員のマインドセット

21

のひとつなのです。

▶「フリーランス＝自由」と考える人ほど失敗する

　冒頭でお話しした「フリーランスになったら自由に働けてたくさん稼げると勘違いしている人が多いのですが、そのような人ほど失敗する。その理由はフリーランスとして働けていないから」というのはこういうことなのです。

　フリーランスになりたい人の99％がここを誤解しているのではないでしょうか。だから、成功している人が1％、なんとか食えている人で10％程度なのだと思います。

　日本では、フリーランスとして活躍する人が約2,000万人いると言われていますが、これからフリーランスを目指す方が、まず押さえておきたい大切なポイントなので覚えておきましょう。

0-3

フリーランスになっても成功できないのはどういう人?

あとで成功のコツはお伝えしますが、あなたはフリーランスとして成功できない人はどんな人だと思いますか?

これまでフリーランスを3,000人ほど育ててきた立場からお答えすると、**今まで「会社に支えられてきた」「会社の後ろ盾があった」「会社の基盤の上に立っていた」という認識がない状態から、フリーランスがどのような存在なのかわからないままフリーランスになった人**です。

そのような人は独立して初めて足場も後ろ盾もすべて何もない状態から仕事を始めなければならないことに気づき、その恐怖で仕事のパフォーマンスが劇的に下がります。当然営業しても仕事は取れず目減りしていく銀行口座の残高を眺めることになります。ついには心が折れて、「フリーランスなんてなるもんじゃなかった」と後悔することになるのです。このような人たちは、能力や才能が無いわけではなく、フリーランスとはどのような存在かということをわからないままフリーランスになろうとしたために、このような悲惨な結果になるわけです。

あなたはこれから先ほど話した無所属という大きなリスクを背負ってフリーランスになるわけなので、このポイントをしっかり理解しておく必要があるのです。ただそのリスクはあらかじめ下げることができます。**無知のまま荒波に突っ込むから溺れる**わけです。

これから、フリーランスという働き方、起こり得るトラブル、仕事を取るための段取りなどを伝授します。これだけで限りなくリスクをゼロに近づけることができます。無謀なことはせずにフリーランスとしてやるべきことをしっかりやって、最短ルートで成功しましょう。

第0章　脱会社員のマインドセット

0-4 フリーランスに 安定はありえない

　最初に言っておいた方がいいと思うのですが、**フリーランスの収入は安定することはありません。** 基本的に収入は常にぶれます。

　私自身もフリーランス時代から月収額は変動しており、それは今の立場になっても変わりません。安定した収入を得ることが可能なら、それはフリーランスとは呼びません。

　業務委託契約で月額固定の収入を得ることもありますが、それもいつ打ち切られるかわからないため、安定とは言えません。

　たとえば、私の父親はある出版社と定期的に案件をもらえる業務委託契約を結んでいましたが、その事業部が閉鎖されたことで受注がなくなり、それまで定期的に得られていた収入も一瞬でゼロになりました。ちなみに私の母親も個人で服を作って売っていますが、売れなければ収入がゼロなので安定のために別の仕事もしています。

　このように、フリーランスには安定など訪れないことを認識し、常に新しい案件を取り続ける努力が必要です。

▶ 安定を求めるならフリーランスになるのはやめよう

　安定した収入を求めるなら、フリーランスになるのはやめて、安定性のある企業に就職する方がよいでしょう。現在はフルフレックス在宅ワークの求人も多いので、会社員でも好きな時間、好きな場所で働けて、しかも安定収入が得られます。

　そのくらい今は働き方の自由度が増しているので、フリーランスでな

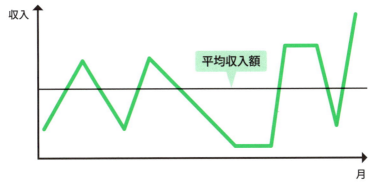

※目標額を毎月維持すれば安定に近い状態にはなる。

くても自由に働ける時代になっています。

　ただ、フリーランスでも、やり方次第では安定に近い状態にまではもっていけます。

▶ 安定に近い状態を作る方法はある

　たとえば、稼ぎたい目標額を最低ラインとして設定して、それを維持すれば、安定に近い状態になります。

　私は他の業界でも起業家や経営者を育成しているのですが、その中によくいるのが、独立して月収100万円を目指すと宣言して、実際に100万円を超えたら集客をやめる人。そのような人はすぐ月収30万円まで落ちます。

　そうではなく、収入が最低の月でも100万円という状態を作らなければならないという発想で収入を作っていく以外、安定することはありません。

0-5 会社員の間にやっておくべきこと 知っておくべき現実

フリーランスになろうとすると、今まで考えもしなかったことを考えられるので、人生のいいきっかけになります。

私自身は、フリーランスはかなりのリスクを背負うので、自分の価値を正当に認めてくれて、こき使わず、能力を伸ばしてくれる会社に勤める会社員が一番幸せな生き方だと思っています。ただ、残念ながらそんなにいい会社はほとんどありません。

だからあなたはフリーランスとして活躍して、企業から「うち専属でお願いしたい」と声をかけられるくらい、自分の価値を上げることを目指してください。これがフリーランスの生き方戦略としては最良だと思います。

▶ 平均年間所得100万円？　フリーランスの現実

あなたはフリーランスの平均年間所得がどのくらいかご存知でしょうか。わずか約100万円です。

フリーランスとして登録した人は、2020~2021年の新型コロナウイルスのパンデミックで600万人ほど増えたのですが、この期間に平均値がものすごく下がったので、現在は100万円以下だと思います。

だからあなたにフリーランスとはどのような存在なのかを正しく認識していただきたいのです。

当然ながら現代社会におけるフリーランスは槍で戦うわけではないので、これからあなたは、独立した立場で何らかの人の役に立つスキルを、

報酬の対価として提供する立場になるということです。

　最も低リスクなフリーランスのなり方は、非正規でもいいから会社に所属して仕事を通してスキルアップして、そのスキル1本で生活できる自信がついたらフリーランスとして独立するという方法です。

▶ フリーランスと会社員のハイブリッドもアリ

　今は会社員として給料をもらいつつ、副業で個人事業主としても稼いでいるというハイブリッド型の人も増えています。当然労働時間は長くなりますが、**フリーランスとして稼げるようになっておくと、いつでも会社を辞められると思えるし、本業と副業の両方に対してシナジーがあるので、ハイブリッド型は安定性が高い働き方**と言えます。

　重要なのは、目標を設定し、それを達成するためにはどうすればいいかを常に考え、実行すること。やり方は自由なので、一つのやり方に固執せず、1回やってみてダメだったら違う方法を試しましょう。どんな夢や目標もこのロジックに落とし込めば必ず叶えられます。

▶ 自分の意志で人生を選択することが幸せの条件

　1人で生きられる力があれば会社を自ら選ぶこともできますし、会社に所属しない生き方も選ぶことができます。**幸せの条件とは、自分の意志で人生を撰択できること**です。

　選択権のない人は不幸になってしまう可能性が高いので、この本で提供したいのは、フリーランスという生き方を通じて、人生を自ら選べる能力を身につける方法です。

　その意味でも自分の価値をきちんと積み上げることは、あなたが生きていく上でとても重要なので、あなたが今後どのような仕事をするにしても常日頃から意識して、できるようになってほしいのです。

第0章　脱会社員のマインドセット

27

0-6 フリーランスとして成功するために一番必要なもの

　この本を読んでいるあなたは、フリーランスになって大なり小なり自分の夢を叶えたい人だと思いますので、1つ質問をさせてください。

その夢を叶えるために一番必要なものとは何だと思いますか?

　私の講座でよく挙がるのは、次のようなものです。

・一歩踏み出す勇気
・明確な目的を持つこと
・計画性
・入念な準備
・スキル
・継続力

　確かにこれらはすべて必要なのですが、マルチタスクですべてを同時進行で行うのは困難を極めます。そこで私が大事にしていることは、**物事の「流れ」を意識すること**です。

▶ 同じスキルで一生稼ぎ続けることは難しい

　たとえば、ボーリングでストライクを取った時、ピンが10本同時に倒れることはありえません。最初に倒れたピンが他のピンに当たって順番に倒れていき、最終的にすべてのピンが倒れます。これと同じように、物事も一つ一つ段階を踏んで進める必要があります。

たとえば先ほど挙げた「準備」。準備はやる気がないとなかなか進みません。同じく「スキル」や「継続力」もやる気がなければ困難です。

　特にスキルは時代や環境によって、需要が変化します。たとえばクラウドソーシングによく掲載されているSEOライティングや簡単な記事作成などの案件は、以前は報酬が1文字1円程度でしたが、ChatGPTの登場によって単価がかなり下がっています。

　つまり、**同じスキルで一生稼ぎ続けられるという保証はない**わけです。ということは、フリーランスとして成功し続けたいなら、**これから一生、新しいスキルを身につけるために学び続けなければならない**のです。この時もやる気がなければ難しいでしょう。

▶ すべての根本となる「やる気」

　このように、フリーランスとして成功するために必要なほぼすべてのことにおいて、やる気が関わっています。

　私はフリーランスになって以来、独学で多くのことを学び、現在の立ち位置に至りました。この過程で四六時中考えていたのは、やる気の出し方や維持方法です。

　基本的に、やる気は上がったり下がったりするものです。どんなにやる気がある人でも玄関を出た瞬間に大雨が降っていたらやる気が下がりますよね。でも、それによってフリーランスとしてのパフォーマンスが上下するとしたら問題です。今日、大雨が降っていただけで今日の収入が減るとしたら怖いと思いませんか？

　ですから**フリーランスとして成功するために重要なのは、さまざまな要因に左右されることなく、やる気を高いレベルで維持し、実行し続けること**なのです。

　これはつまり「継続力」ですが、継続力は忍耐力で決まると言えます。しかし、忍耐力は人それぞれ違います。

第0章　脱会社員のマインドセット

29

読者の皆さんの中にも自分で我慢強い方だとかあまり我慢強い方ではないと思う人がいるでしょうが、我慢強くない人は成功できないのかというと決してそんなことはありません。短気でも成功する人はいます。なぜでしょうか。

▶ 最も重要なのはモチベーションコントロール

　いろいろと考察を重ねた結果、私が最終的に行きついた答えはただ一つ。「モチベーション」です。

　モチベーションとは何でしょうか？　多くの人が「やる気」と答えると思います。でも実は違うのです。

　あなたは日常的に、モチベーションが上がる・下がるなどと言っていると思います。その理由は、モチベーションはやる気だと思っているからですが、**「モチベーション」は正確に言うと「やる気」ではありません。**

　やる気は「テンション」です。テンションだから上下します。真のモチベーションは、基本的に上下しません。

　ならばモチベーションとは何でしょうか。モチベートとは「動機」という意味です。よって、モチベーションとは動機があるかないかの状態なのです。ゆえにモチベーションがある・ない、もしくは強い・弱いは正しいですが、高い・低いと表現するのは間違いです。

　私がこれまで頑張るのをやめたいと思うことはたくさんありつつも、独学で努力し続けてこられたのは、テンションに頼っていなかったからです。

　いつも自分の中で、「これだけは絶対に譲れない」という、頑張り続ける理由があるかどうか。それがモチベーションなのです。

　ではあなたのモチベーションは何でしょうか。あなたはお金や自由など、フリーランスになって何かしら得たいものがあるわけですよね。

強い動機を見つけよう

　あなたの周りにもなんとなく「もっと金を稼ぎたいなあ」などと言っている人がいるかもしれませんが、そういう人は稼げるわけがありません。なぜなら、強い動機がないからです。

　たとえば誰かに「1か月後までに1億円を作ってきてください」と言われたらどう思いますか？　現実的には無理だと思いますよね。でも具体的な方策もなく、なんとなくワンチャン稼げたらラッキーだなと夢想します。これが多くの人の「稼ぎたい」という動機のレベルです。

　逆に**強い動機がある人は必ず稼げます。**たとえば反社会的勢力にあなたの家族が捕まって、1か月後に1億円持ってこなければ殺すと脅されたらどうでしょう。死ぬ気で1億円を稼ごうとしますよね。

　これが強烈なモチベーション＝動機です。

0-7

夢を現実に手繰り寄せる方法

▶ 紙に書き出すことが夢を実現する第一歩

ここまで読んで、フリーランスになって稼ぎたいと思っていたあなたは、自身を振り返って強い動機はありましたか？　少し稼げたらいいなというくらいのノリではなく、あなた自身のやる理由が必要です。

モチベーションの本質について理解したところで、次にやっていただきたいのは、**あなたがフリーランスになって叶えたい夢や目標をできるだけ多く紙に書き出すこと**です。

これまでの人生で1つ以上夢を叶えた経験がある人は素晴らしいと思います。でも中には夢を叶えたことのないという人もいるでしょう。夢を叶えられる人と叶えられない人の違いは何だと思いますか？

まず第1に、叶えたい夢が明確にイメージできているかどうかです。

たとえば、海外を知らない人が海外旅行に行きたいとは思わないですよね。イメージできないものは実現できないのです。同じく、漠然と幸せになりたいと思っている人も、なかなか幸せにはなれません。自分にとっての幸せが明確にイメージできていないからです。

夢を書き出し実際に目に見える形にすることによって、進みたい未来が明確になり、夢を叶えるための第一歩にもなります。

皆さん、「フリーランスになれたらもう思い残すことはない。今日死んでもいい」と思いますか？　思わないですよね。

フリーランスは自分が幸せになるための手段の一つにすぎないので、フリーランスになることを夢に設定してはいけないのです。

▶ 夢をシェアすることでブレない軸ができる

夢が書けたらそれを同じくフリーランスになりたいと思っている人同士でシェアしてください。これも非常に重要です。

まず、自分以外の人の夢を聞くことで、自分の夢を拡張することができるという利点があります。また、他人が喜々として語っている夢を聞いてもまったく共感できないこともあると思います。その反応の違いを観察することは、より深く自分を理解することにつながります。

つまり、**他人の夢を聞いて、自分はこれまで思いつかなかったけれどいいなと思うことは自分の夢リストの1つとして加えてほしいですし、この夢はそれほど興味ないということは自分を理解するためにも有益**なのです。

他人の夢を聞くことで自分の夢をブラッシュアップできるので、ぜひ他人と夢のシェアをしてみてください。

▶ 横のつながりは自分を救ってくれるセーフティネット

また、フリーランスの語源について先ほどお伝えした通り、フリーランスは無所属の傭兵なので、基本的に法律上は仲間が1人もいない孤独な存在です。**会社員のように何かと気にかけてくれたり、困った時に助けてくれる上司や先輩などはいません。**

時にはどうしようもない不安にさいなまれることもあるでしょう。そんな時のために、落ち込んだ時に相談できたり、調子に乗らせてくれるような、何でも言い合える仲間を作っておくことをお勧めします。

今はフリーランス交流会やSNSのコミュニティなど、その気になればいくらでも仲間が作れるので、定期的に情報共有するなどして、横のつながりを作っておきましょう。

それがいつか自分を救ってくれるセーフティネットになる日が来るか

第0章 脱会社員のマインドセット

33

もしれないですし、逆にあなたが誰かの助けになることもあるかもしれません。 その意味でも、フリーランス同士の夢のシェアは有意義なのです。

▶ 自分の中での優先順位を明確にすること

夢のブラッシュアップができたら、セルフチェックをしましょう。無所属の傭兵は、自分の技だけではなく、思考や感情も自分で磨けるようにならなければなりません。 常に成長を追い求め、自己管理能力を高めることで、自分の強みや課題がはっきりと見えてくるでしょう。

当然ながら、あなたがフリーランスになると、誰かに指導されたり、サポートを受けて育ててもらえることは基本的にありません。 つまり、自己研鑽を通じてセルフチェックする力を磨くことが求められます。フリーランスとして生きる道は、自らの成長や成功を他人に委ねることなく、独立して生き抜く力を身につけることが必要です。

この先、あなたは自分自身の力だけで勝ち抜いていかなければなりません。 そのためには、自分の夢に対して冷静に採点すること、現実的な視点を持って見直すことが重要です。 リストアップした叶えたい夢の数々に、100％を MAX として、それぞれの本気で叶えたいパーセンテージを書き込んでみましょう。

パーセンテージを出すことで、自分がどの夢に最も情熱を傾けているのか、またどれを優先すべきかが明確になります。 これにより、自分の道筋が整理され、夢を実現するための行動計画も立てやすくなります。

▶ 編集力と文章力が夢を叶える能力を上げる

ここまで自分自身でフリーランスになって叶えたい夢を考えて、他の

人の夢を聞いてブラッシュアップして、それを採点してきました。その上で、次はそれらを改めてまとめてほしいのです。

いらないと思った夢は消してください。夢が叶わない理由は夢が明確でないこともありますが、「そもそも覚えていない」ということもあるのです。年初に抱負を立てたはいいけれど、年末には忘れている人も多いでしょう。だから叶わないのです。

覚えていない理由はそもそも真剣に実現するつもりではなかったということもありますが、長すぎて覚えられないなど、自分にとってまとまっていないからでもあるので、夢をまとめ直していただきたいのです。

でも、いざ夢をまとめようと思っても意外とうまくまとまらない人もいるでしょう。

そのためには編集力や文章力などのスキルが必要です。この、夢を明確にする→見える化する→パーセンテージをつける→シェアする→優先順位をつける→１つの夢にまとめるという一連の作業は夢を叶える能力を上げるためなのです。

夢を自分でチェックする感覚はとても大事です。たとえば、その夢が皆さんにとって、叶えるために来年１年間を費やす価値があるかと考えた時、価値があると思うのか、少し足りないと思うのか、自分の夢をチェックしてほしいのです。

▶ 夢は口に出すべし

夢を明確にして、覚えやすくしなければならない理由はもう１つあります。

私が会社を辞めてフリーランスになってから半年ほどで月100〜150万円ほど稼げるようになりました。今のように稼ぐための情報があまりなく、稼ぎ方がよくわからなかった状態でその額なので、現在のよう

に成功例にあふれた状況なら、自分が教えてきた人たちと同様に月500万円以上稼げると思います。

前例や情報が無かった当時でもそれだけ多くの額を稼げた理由は、「叶う」という漢字にあります。叶は口に十と書きます。つまり、**自分の夢を最低でも10回は口に出さないと叶わないということです。**

だから人から「あなたの夢は何ですか？」と聞かれた時に「うーん」とすぐ出てこない人は叶いません。逆に、夢を聞かれて即答できるくらい何度も口に出していると人は夢を叶えることができるのです。

事実、私はフリーランスになりたてのころ、「半年で月収100万円を超える」という目標を立てました。

最初はそのような実現が難しい高い目標を持ってもテンションがすぐに下がるだろうと思っていたのですが、そうならないために、どこでも誰と出会っても「半年で月収100万円を超える」と言い続けることにしました。そうすることで**自分を追い込み、自分の動機を強めることができた**のです。

中でも、パートナーに話すことは最大のプレッシャーとなります。常にそばにいるパートナーから「あの目標、どうなったの？」と聞かれることが心の底から嫌だと感じられるので、否が応でも努力します。

もし達成できなかった場合、目標を話したすべての人から「結局ダメだったね」とバカにされるかもしれません。そうなるのが怖いから、がむしゃらに頑張れたのです。

その結果、私は半年以内に月収100万円を余裕で達成することができました。

▶ リスクを恐れず動機を強化する

このようにリスクを取ることで動機を強化するのは非常に効果的な方法です。つまり、動機は作るものであり、強化するために一番簡単な

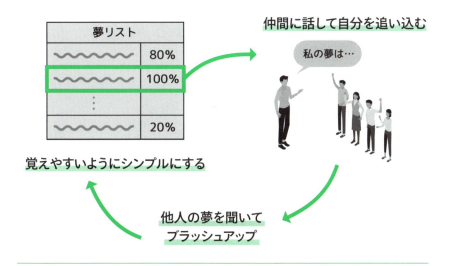

方法は人に話すことなのです。

　あなたも今後、自分の夢を明確にし、たくさんの人に明言してください。夢の叶え方としてはここまでが1/3。残り2/3についてこれから話していきます。

> フリーランスで成功を目指す道のりは、決して楽なものではありません。しかし、自分の中にブレない自分軸を持つことができれば、困難な時にも大きな支えとなります！

0-8

ターニングポイントを
振り返り自分自身を知る

　夢を叶えるためには、これまでの自分の人生を振り返ることも必要です。**誰しもこれまでの自分の人生を振り返ってみると、ここで人生が大きく変わったというターニングポイント、転換点がある**と思います。

▶ 年少期から青年期の体験を振り返ることで自分と向き合う

　私の場合は、今の自分の人格を形成するのに非常に大きな影響を及ぼしたのは小学生のころの出来事です。

　小学校に上がってからは私はいじめにあいました。しかもその首謀者が担任の先生だったという、なかなかハードコアないじめでした。そのせいで、権威に対する反抗心が生まれました。

　子どものころは勉強ができる方でした。毎日授業をきちんと聞いていたので、テストもそのための勉強などせずとも常に100点を取っていました。仲の良かった子が塾にも通っているのに先生の授業が難しいから全然点数が取れないと嘆いていたので、ある日その子の家に行って勉強を教えてあげたんです。

　すると**「塾の先生よりわかりやすい。大坪君って天才だね」と褒められました。**その「天才」という言葉がすごく嬉しくて、以降、天才というキーワードを追い続けるようになったのです。これが私の人生における1つの明確なターニングポイントでした。

▶ 学生時代に得た仕事に対する意識

中学校に上がってからはゲームにハマりました。 **3日連続徹夜など当たり前でゲームに没頭**するので、当然ながら授業中は眠くて仕方がありません。だから小学生の時はあれほど良かった成績がどんどん下がっていきました。

でもそのおかげで、後に徹夜で仕事をするのが平気になったので、この経験も今の私を作ったターニングポイントの1つだと思います。

高校生になって一番嬉しかったのはアルバイトをして自分で稼げるようになったことでした。

ひたすらバイトをしていたのですが、この時に社会に出ることがすごく楽しいと思ったのです。 **仕事が楽しいと思うようになったのは、この15歳の経験が原点**です。

その時のバイト先はたまたまマクドナルドの売上日本一の店舗でした。 そんな店なので、ものすごく忙しく、スピードや丁寧さ、サービスの質など、仕事に求められるあらゆる基準が他の店よりも高く、仕事は大変でしたが、そのおかげで他の店舗の店員よりも仕事に対する意識やスキルともに高いレベルのものを身につけられたと思います。

初めて働いたのがそんな日本一のレベルの店だったこともターニングポイントの1つです。

▶ 権威への反抗心を糧に前例のないイベントを成功させる

高校生活でもターニングポイントとなる出来事がありました。 いろいろな高校に名物のイベントがありますが、私の高校の場合、一番盛り上がるのがストリートパフォーマンスでした。

それを踊る生徒が校内の権威のようになっているのが非常に気に入らなかったので、前例はなかったのですが、友人と2人でファッション

ショーを企画、開催したんです。

　結果はかなり盛り上がって大成功でした。その後も代々後輩たちに受け継がれて、今、その高校ではストリートパフォーマンスとファッションショーが二大名物のようになっています。

　イベントを主催すること自体も面白かったのですが、このように権威に対して嫌悪感や反抗心を抱き、戦うことが好きな性格になったのは、小学校低学年で先生にいじめられていたお陰です。ちなみに当時好きだった言葉は下剋上です。

▶ 後に起業の基盤となるスキルを学生時代に習得

　高校卒業後は、建築で人を幸せにしたいと思ったので、建築デザインを学ぼうと美術大学に入学しました。

　しかし、元々絵が好きだったりうまかったりしたわけではないので、デッサン系の授業ではクラス最下位の劣等生で、毎日が公開処刑。美大なんかに入らなければよかったと落ち込みました。でもパソコンでデザインを学ぶ授業では、Photoshop と Illustrator の使い方を独学で3日徹夜して覚えたことで、先生からクラスで一番高い評価を受けたのです。

　この時身につけた Photoshop と Illustrator のスキルや、瞬間的、集中的な努力ですべてをひっくり返せると思った経験があったからこそ、後にグラフィックデザイナーとして起業できたわけです。

　また、芸術祭の執行部やパフォーマンスショーの主催を通じて、みんなと何かを作ることの楽しみを覚えました。今の私の会社を見学に来る人たちが、口を揃えてサークルの部室のようだと言うのはそのためです。

　プライベートではバイト三昧で、経験した職種は30種以上、常時3つ以上掛け持ちして、基本的に起きている時間はずっと働いていまし

た。

　これらの大学時代に経験したさまざまなことが、現在の私のアイデンティティのベースを作り、社会に出てから今日に至るまであらゆる局面で活きています。

▶ 本当に自分自身のことを理解しているか

　そもそも、大学時代にそれほど多くのアルバイトをしたきっかけとなったのは、当時大流行していた『ハチミツとクローバー』という漫画です。

　舞台が私が通っていた大学なのですが、その漫画のキャラクターが自分探しのために、自転車で日本縦断の旅をするエピソードがあるらしいのですが、当時、それを友人から聞いた私は「自分探しのために自転車で日本を縦断するなんてバカだな。自分ってどこかに落ちているものを拾ってくるようなもんじゃないだろ」と思いました。

　でも同時に、そう思った自分自身のことも省みました。「じゃあ俺は自分自身のことを本当にわかっているのか？　わかっていないくせに、何もやっていない俺もバカなんじゃないか」と。

　それで、いろいろなバイトをしたら仕事の向き不向きから自分のことも少しは見えるだろうと思って、30種以上のバイトを経験したのです。その結果、自分に合った仕事を見つけることができました。この経験が巡り巡って、後にフリーランスになった時に活きたのです。

　当時はただの自分探しの一環としてバイトをしていただけでしたが、この経験が後に大きな意味を持つことになるとは思いもしませんでした。後にこんな風に活きると思わなかったという経験もあれば、今は活きていないかもしれないけれど、これから活きてくる経験もあるはずなので、人生はいつも面白いと思います。

▶ 会社員としての活躍と将来への失望

　私は美大を中退後、契約社員として大手ゼネコンに入社しました。

　その後、月に450時間、がむしゃらに働いて成果を積み上げていったので同世代の社員の中では成長もダントツで早く、彼らが任せてもらえないような仕事をいろいろとやらせてもらっていました。

　20代で自分もいい地位まで上がってきた、このまま東大や京大卒がゴロゴロいる大企業で、高卒で非正規雇用の私が史上最年少役員になるのも面白いから目指そうかと考えていました。

　そんなある日、交流会で出会った経営者から、「会社員の将来なんて簡単にわかる。40〜50代の先輩社員をよく見てみろ」と言われたので、改めて歳が20ほど上の先輩社員がやっている仕事を見てみると、当時の私がやっているのと同じような仕事だったのです。

　それがわかった瞬間、その年配の先輩社員と20年後の自分の姿が完全にダブって見えて、「史上最年少役員になれるとしても、数年は今と同じ毎日を生きるなんて絶対に不可能だ」と絶望に打ちひしがれました。

　そしてこれ以上この会社で働くのは無理だと思って辞職したのです。

▶ 妹からの軽蔑と奮起

　クライアントだった財閥系の大手不動産会社の人に「うちに正社員として入らないか」と何度も誘ってもらったこともあるのですが、人生が急に完全なルーティンワークに見えてしまっていたので「正社員になったところで……」と思ってその誘いには応じませんでした。

　ゼネコンを辞めた後、そのきっかけとなった知り合いに紹介された仕事をしていたのですがうまくいかず、1日中家でゴロゴロするニートのような生活を送っていました。

そんなある日、妹が母親に「私は絶対にお兄ちゃんみたいになりたくないから勉強する！」と言ったんです。 それを聞いた時、「妹にも軽蔑されるなんて……**俺は人間としても底辺まで来たな。 俺みたいなやつなんか死んでしまえ**」と大きなショックを受け、1人、部屋で号泣しました。

でもそのおかげで**翌日からスイッチが入って、「家族に尊敬される男に俺はなる！　手始めにデザイナーとして半年以内に月収100万円を達成する」という目標を立てて、ゼネコン時代を超える勢いで猛烈に働き始め、目標を達成した**のです。

▶ 人生のターニングポイントを見逃してはいけない

それ以来、現在に至るまで、ずっとハードワーカーを続けています。でも、実際はもう何年も前から経済的には働かなくてもいい状態になっています。 あの時の私のように、1日中ぼーっとしていてもいいのですが、そうしていないのは、自由を求めて本気で働くうちに、仕事でしか得られない喜びや面白さに気づき、誰よりもデカくて面白いことをしたくなったからです。

また、私自身、金をたくさん稼いだらいわゆる「FIRE」して悠々自適に暮らすような人間になりたいとは思いません。**どれだけ金を稼いだではなく、どれだけ人を幸せにしたかを語れる人間になりたい**と思って、今そうしているわけです。

人生には時として、**進むべき道を見直すターニングポイントが訪れます。** その瞬間を見逃さず、何が本当に大切かを見極めることができるかどうかが、その後の人生を大きく左右します。 そのようなターニングポイントを紐解くことは、人生をより有益で充実したものにするのです。

0-9

現在地、目的地、到達するための手段

　と、私のこれまでの生い立ちをかいつまんで話してきましたが、それはあなたに私の人生の歩みを話したかったからでも、人生は面白いということを言いたかったからでもありません。

　1つ理解してほしいのは、夢を叶えるためには、**現在地、目的地、そしてそこに到達するための手段という3つの要素が必要**ということです。現在地がわからない人が目的地にたどり着くことはできません。

▶ 自分の経歴とターニングポイントを書き出す

　そこで、現在地を明確にするために、自分のキャリアや生い立ち、ターニングポイントをリストアップして、**その過去の経験が現在の自分にどのように活きているのか、役に立っているのか、今の自分のどの部分を形成しているのか**などをセットで書き出してみてください。

　できれば時系列で整理するとよいでしょう。特に強く心に残っていることが、その人ならではの武器として使えます。

　そして、自分の経歴や生い立ち、ターニングポイントを他の人とシェアしてください。いきなりこれまでのすべての経験を現在の自分と結び付けて話すのは難しいかもしれませんが、自分と周りの人を見比べてみてください。顔つきや体格、性別が違うのは、それぞれの生い立ちが異なるからです。

　しっかりと自分の歴史を語れるようになれば、自分という存在が明確になります。自分が何者かわからないのは、過去を語れないからです。

人前に出られるようになってからの私は自分の過去をほぼすべて話せるようになったので、自分が何者かを明確に理解することができました。

▶ 自分だけの資産や武器を作る

　これまでの人生を振り返ることで得られるのは、明確な現在地だけではありません。皆さんの過去の経験はポジティブなこともネガティブなこともすべて、これからフリーランスとして活躍するために使える、自分にしかない資産・武器になります。

　私のようにすべてを話せるようになったら、誰とどんな会話をしても、引き出しに困らなくなり、フリーランスとして生きていく上ですごく戦いやすくなります。

　もちろん恐いと感じる部分もあると思いますが、あなたも隠したい過去も少しずつオープンにして、「これまでこのような人生を歩んできました。お陰様で今はこういう風に生きることができているんです」と誰にでも胸を張って話せる状態となってください。

0-10

ゴールへたどり着くための 具体的な考え方

　ここまでの話であなたの叶えたい夢＝到達したいゴール・現在地・今持っている武器がわかったと思います。次はゴールまでの行き方です。

　皆さんが先ほど掲げた目標や夢、そのゴールをどうやって達成するか、具体的な方法を考えてみましょう。

　よく知られている目標達成の方法として「SMART ゴール」や「5W 1H」などがあります。これらは目標達成へのプロセスを明確にするためのツールです。

　まず「SMART ゴール」について説明します。SMART は次の5つの要素から成り立っています。

Specific（具体的）：目標は具体的であること。

Measurable（計測可能）：進捗を測定できること。

Achievable（達成可能）：現実的に達成できること。

Relevant（関連性）：自分にとって重要であること。

Time-bound（期限）：期限を設定すること。

　また、「5W 1H」は次の要素を明確にする方法です。

What（何を）

Why（なぜ）

When（いつ）

Where（どこで）

> Who（誰が）
>
> How（どうやって）

　これらの方法を使ってまず目標を設定し、現在地から目標地点へのプロセスを具体化してみてください。

　たとえば、どんなスキルをいつまでに習得するのか、そのスキルが本当に必要なのか、誰から学べるのかなどを考えてみてください。

▶ 目標設定の期限は短めに

　初めて目標を設定する場合は、達成までの期間を短めに設定した方がよいでしょう。

　たとえば、会社員時代の私はせいぜい翌週か3か月先までしか見えていませんでした。しかし、起業すると、知り合った優秀な起業家たちはみんな来年まで予定がいっぱいだということに驚きました。同時に私がまだ短いスパンでしか物事を考えられていなかったことを思い知らされました。

　フリーランスになりたての段階でいきなり長期的な目標を設定し、努力し続け、達成するのはほぼ不可能です。ですので、まずは**どんなに長くても半年から1年程度の目標にとどめるべき**だと思います。

　計画達成のスキルが上がると、自然と目標設定までのスパンも長くなり、実現力も増していきます。

▶ プロセスを具体的にイメージできれば目標を実現できる

　多くの人が目標を達成できないのは、目標が明確でないからではなく、プロセスが具体的でないからです。目標地点がわかっていても、どうすればそこに到達できるのかがわからないから到達できないので

す。

　逆に言うと、プロセスが具体的にイメージできると、どんな途方もない夢も目標も叶えられるという感覚になります。

　たとえば、「フリーランスで月収100万円を稼ぐ」と言われても、「そんなの無理」と思う人がほとんどでしょう。しかし、プロセスが明確になれば「これならできる」と感じられるようになります。

　この「できる」という感覚を持てるかどうかが、プロセスが十分に詰められているかどうかのバロメーターです。

　たとえば月収100万円という目標を立てたとします。この時、1つのクライアントから毎月100万円をもらえると考えるのは非現実的です。

　繰り返しになりますが、**フリーランスになることがゴールではなく、フリーランスとしてどれくらい稼げば夢や目標が達成できるかを考えることが重要**です。

　そのためには、具体的な内訳が必要です。会社員なら毎月決まった給料が入ってきますが、フリーランスは1円から積み上げて目標金額に到達しなければなりません。

　会社の場合、営業が案件をまとめて売上を上げ、制作が収益を上げ、その一部が人件費になりますが、フリーランスではこのプロセスをすべて自分で行う必要があります。

　フリーランスとして稼ぎたい金額に対して、具体的な内訳を考えなければ目標を達成するのは困難です。

　0円からスタートし、少しずつ積み上げていくのは大変です。特に月収100万円を目指すとなると、よほどメンタルが強くないと難しいでしょう。

　ではどうすればいいか。**逆算すればよい**のです。目標収入に対して必要な案件数を逆算し、その単価を稼げるだけのスキルを身につけるのです。そうすれば、「これなら何年後には達成できる」というタイムスパンも見えてくるでしょう。

フリーランスこそ
具体的なプロセスを考える必要がある。

旅行者　　　　　　　　　　受験生

旅行や受験のように逆算して考える

　ですので、**稼ぎたい収入に対して内訳を考え、具体的なプロセスを考えてください。**

　特にお金に関する部分は、自分で決めるしかないので、しっかりと考えることが重要です。

　「そうはいっても難しい」と感じる人もいるかもしれませんが、これは誰もがやったことのある楽しい作業なのです。

　たとえば、旅行のプランを考えるようなものだと思ってください。目的地に到達するプロセスを考えるのは楽しいはずです。むしろ、今まで地図もなく、行き方も考えず、目的地を目指していたことに恐怖さえ覚えるべきです。

　大学受験や就職活動の時のことを思い出してください。目標を明確にして合格するために真剣にプランを立てたはずです。それと同じように、今回も計画を立てればよいのです。

　参考までに私の目標をお話すると、私は「日本の国力と幸福度を上げる」という目標を立てています。多くの人からすれば、途方もない目標で本当に実現できるのかと疑念を抱くでしょう。

確かにこの目標は途方もなく大きなものですが、私は実現できると確信しています。その理由は、タイムスパンは非常に長いですが、具体的なプロセスが明確になっているからです。

　具体的には、国民、国土、国史にインパクトを与える12個の事業を立ち上げることで、国力と幸福度にインパクトを与えるというプロセスを実行することです。

> フリーランスになることはゴールではありません。本当の目的は、その先にある夢や目標の実現です。そのためには、プロセスを具体化し、一歩ずつ着実に進むことが大切です！

0-11 「夢」の達成率を上げる 願望達成構文

▶ ビジョンマップのススメ

そうは言っても、どうやって目標実現のためのプランを立てればいいのかわからないという人も多いでしょう。そんな人のために、私のお勧めの方法を紹介します。その1つはビジョンマップの作成です。

まず実現したい夢を中心に置きます。たとえば「ホテル暮らしがしたい」だったら、豪華なリゾートホテルの写真を貼るなどして、具体的なイメージを視覚化するのです。

人は右脳と左脳を使ってものを覚えるので、ビジュアルとテキストの両方を使うことで、夢のリアリティが増し、記憶に残りやすくなります。

ビジョンマップ作成には時間がかかりますが、プロセスや夢をビジュアル化することで、より明確なイメージが湧き、ワクワクするので、目標達成にかかる時間が短くなるのです。

▶ 「Will・Can・Must」のフレームワーク

また、目標設定や目標達成に有効なフレームワークとして「Will・Can・Must」も挙げられます。

Will：自分がしたいこと

Can：自分ができること

Must：自分がすべきこと

企業が社員の生産性やパフォーマンスを評価する際、または社員と企業の目的を一致させる際によく使われるフレームワークで、この3つの要素が重なる部分で社員のパフォーマンスが最大化されます。

あなたの望みは、組織の一員として働くことではありませんが、夢の達成確率を上げるためには「Will・Can・Must」の3つの視点が必要だと考えています。

そこで、あなたの夢にこのフレームワークを当てはめてみましょう。自分の夢を実現するための「Will・Can・Must」をまとめてみてください。夢を実現するための一助となるはずです。

▶「Will・Can・Must」を実際に作成してみよう

やり方がよくわからない人は、次のように当てはめればよいでしょう。

プロジェクト名は自由に決めていただいて構いませんが、自分の人生を変えるタイミングなので、面白いタイトルを付けるとよいでしょう。

次に、あなたの夢を宣言する部分を考えてみましょう。「私の夢・目標は○○です」という形で書きます。

Will＝「なぜその夢を叶えたいのか」という理由を述べます。「○○だから叶えたい」といった具合です。さらに「私には○○という叶えるべき理由があります」と具体的な理由を追加します。叶えるべきことが明確でないと、途中で諦めてしまうことになりかねないからです。

Must＝「その夢を叶えるためにしなければならないこと」を書きます。たとえばあなたが毎日会社に出社できる理由を考えてみてください。それは「出社しなければ首になるから」です。つまり、「Must＝すべきこと」というのは非常に重要なのです。

Can＝「私には○○ができ、○○もできるようになります」と、自分がすでに持っている、あるいはこれから身につけるべきスキル・武器に

Will やりたいこと
・自分の将来像・ロールモデル
・仕事を通じて実現したいこと
・理想の働き方・生き方

Can できること
・自分が活かしたい強み（＝Can）
・逆に、克服したい弱み（＝Can't）

Must すべきこと
・社会からの要望
・会社からの売上目標
・将来的に身につけなければ
　ならないスキル

ついて書きます。もし夢を叶える上で足りないものがあるなら、それをこれから身につければよいのです。

　そして、これらがすべて揃った時にどうなるかを一文にまとめます。「これが揃うと◯◯という夢が叶います」といった具合です。

　以上のように、**これまで目的地、現在地、プロセスの各工程を整理した上で、まとめたことをこの構文に沿って作成してみてください。**

　その際、取捨選択が必要です。すべてを詰め込むと冗長になってしまうので、特に自分にとって重要なものや心に刺さるものを元に作成してください。

　これをしっかりと自分の中に落とし込むことができると、皆さんの夢はほぼ叶うでしょう。

作成したビジョンマップや「願望達成構文」は、スマホの待ち受けに設定するなど、いつでも目に入るようにしておくと効果的です。日々意識することで、行動につながりやすくなります！

第 1 章

「生き方」と「働き方」

1-1 フリーランスはどんな働き方？メリット

▶ 利益を総取りできる

フリーランスの働き方やメリットについて解説します。

ほとんどの企業は分業制を採っているので、多くの会社員は、それぞれの役割に沿って与えられた業務を遂行します。これが会社員としての大きな利点ですが、その分、会社として得た利益を多くの人で分け合うので、1人当たりの取り分＝給料は少なくなります。

一方、**フリーランスの場合は、すべての業務を自分1人でこなすので、負担は重くなりますが、その分、利益もすべて享受できます。** これがフリーランスの大きなメリットの1つです。

▶ 時間を自由に使える

最大のメリットは、**納期までにクライアントの満足する成果物さえ納品すれば、あとはすべて自由**だということです。好きな時に仕事をして好きな時に休めるので、たとえば日中は暑いから寝て、深夜に仕事をすることや、好きな時に長期休暇を取ることも可能です。

私もフリーランス時代は納期の前日までずっとゴロゴロして過ごし、納期の前日の深夜から仕事を開始、一晩徹夜して翌日納品する、ということをよくしていました。

▶ 多様な働き方が可能

　また、家事・育児・介護などやむにやまれない事情がある場合でも、**働く時間や場所が自由に選べるフリーランスなら仕事を続けやすい**と言えます。

　たとえば、遠く離れた地元に住む親が病気などで倒れて介護が必要になった場合でも、フリーランスのデザイナーなら地元に帰って介護をしながら仕事ができます。

　さらに国境も関係なくなるので、海外にいながら日本の案件をこなすことが可能です。時差が多い国なら、日本にいるクライアントが夕方に依頼した案件を夜の間に海外在住のフリーランスが稼働して、翌朝には納品できているという「ゼロ営業日納品」という外注になれば、一生重宝されます。

　さらに、本業の収入が少なければプラスアルファで稼ぐこともできます。たとえば、農業だけでは生計が立てられない農家は、昼間は農業に従事して、夜はデザインの仕事をするという複業も可能です。

▶ フリーランスのメリット

・利益を総取りできる

・自由な働き方が可能

・勤務時間がコントロールできる

・家事・育児・介護と両立できる

・ダブルワークで収入を増やすことができる

・海外で働ける

・好きなライフスタイルが選べる

1-2 フリーランスはどんな働き方？ デメリット

▶「知らなかった」では済まされない

　このようにフリーランスの働き方には数々のメリットがありますが、そのメリットはデメリットと表裏一体です。

　まず、企業ではたくさんの人がさまざまな部署で働いているので、自分が知らないところで助けられているということが往々にしてあります。フリーランスになると、営業、本業、事務、法務、会計、経理、雑務などすべての業務を自分1人で行わなければなりません。

　未知の業務を完璧にこなすのは至難の業で、特に駆け出しのうちは見落としやミスが多発します。しかしクライアントにとってはそのような事情は関係ないので、大きな問題に発展しても「知りませんでした」では済まされません。

▶「自由」と「自己責任」は表裏一体

　また、フリーランス最大のメリットである「自由」ですが、自由とはただ単に「好き勝手にできる」とか「自分らしくありのまま生きる」という意味ではありません。そのように履き違えている人は必ず痛い目を見ることになります。

　自由には常に責任がつきまといます。自由の量を増やしたければ責任の量も増やさなければなりません。フリーランスの場合はすべてが自由だからこそすべてが自己責任になります。日々ダラダラ過ごした

り遊んだりするのも自由ですが、納期に間に合わせるのが難しくなっても、会社員と違って誰も助けてはくれません。

そして納品できなければ、「できませんでした。ごめんなさい」では許されません。報酬がもらえないのは当然ですが、訴訟されて違約金を支払うはめになるリスクもあります。

そのクライアントから二度と仕事がもらえなくなる上に、業界内に悪評が広まる可能性もあります。そうなるとどこからも仕事がもらえず、生活が立ち行かなくなることもあるでしょう。

▶ すべてを自己管理しなければならない

健康管理についても、フリーランスは会社員以上に気を使わなければなりません。体調不良やメンタル不全の時、会社員であれば有給休暇を使えば減給なしで休めるし、重い病気やケガで会社を長期間休んだ時も傷病手当や休業補償がもらえます。

しかし、フリーランスの場合は何の補償もないので、休んだらその分、確実に収入が減ります。

つまり、**フリーランスはすべてを自分で管理しなければならず、それができる人のみが自由を享受できる**のです。

▶ 収入が不安定

最大のデメリットは第0章でも書きましたが、**収入が不安定**だということです。

フリーランス志望の人や駆け出しのフリーランスは、フリーランスになるとなかなか収入が安定しないので定期案件がほしいと言います。そのような話を聞くたびに、「手段と目的が逆になっていないか？」と思ってしまいます。

59

確かに定期案件が取れたら収入が安定するのですが、同時に納期も必ず毎週か毎月、定期的にあるので、ノルマや約束を前提とする会社員とそれほど変わらない働き方になります。

▶ 個人として企業と戦う覚悟を持つべし

これからフリーランスになりたい人にはデメリットこそ重要だと思うのですが、最近、このような現実・デメリットには一切触れず、メリットだけを強調して、フリーランスを手放しで推奨するセミナーやYouTubeなどが多く見られます。そのせいで、フリーランスとフリーターを混同しているような低レベルな「フリーランスもどき」が増えていると感じます。

私がフリーランスになった15年前は、「フリーランス」という言葉自体が社会で流通しておらず、会社を辞めて個人で商売をする人のことは「個人事業主」と呼称していました。

文字通り個人の事業主という気持ちで株式会社と戦っていたので、しっかりとやるべきことをやって成功できたのだと思います。

あなたもフリーランスとして成功したいなら、現実をしっかり直視して、個人の傭兵として戦い抜くという覚悟を持つことが重要です。

▶ フリーランスのデメリット

- ・困った時、誰も助けてくれる人はいない
- ・すべてが自己責任
- ・病気やケガは減収に直結
- ・体調やメンタルは自分で管理しなければならない
- ・収入が安定しない
- ・定期案件を得られても会社員と同じになるだけ

1-3

生き方・働き方を自ら選ぶこと

　フリーランスは生き方や働き方を自由に選ぶことができます。その代表的な4つを紹介します。

1. 起業

　やりたいビジネスで法人を設立し、新しい商品、サービスを提供します。自分の人生を懸けてビジネスに取り組みたい、ビジネスを拡大したい、社会にインパクトを与えたいという強い意志を持つ人向けで、いわゆるスタートアップがこれに当たります。

　起業は個人事業よりもやるべきことが多く、難易度のハードルも上がります。ゼロからビジネスを立ち上げるわけなので、困難なことも多く、軌道に乗るまではプライベートな時間はほぼなくなりますが、成功したら単なるフリーランスとは比べ物にならないほどの莫大な利益、達成感、自由を得られます。

　逆に失敗したら多額の借金を抱えてしまうというリスクもあります。リスクを取っても大きなリターンを得たいという人向けのハイリスク・ハイリターンな生き方です。

　次に、起業に必要なことやメリット・デメリットを簡単に紹介します。

▶ やるべきこと

・**アイデアの創出**：市場のニーズを把握し、独自のビジネスアイデアを考えることから始まります。

・**事業計画の策定**：ビジネスモデルや収益の見込み、マーケティング戦略を含む詳細な計画を作成します。

・**資金調達**：起業に必要な資金を調達するために、自己資金や投資家からの出資、融資などを検討します。

・**法人設立**：法的に事業を運営するために、必要な手続きを行い、法人を設立します。

・**商品・サービスの提供**：実際に商品やサービスを市場に投入し、顧客に提供します。

・**運営と成長**：ビジネスを運営し、成長させるための戦略を実行します。

▶ メリット

・**収入アップの可能性**：成功すれば、収入が大幅に増える可能性があります。自分の努力が直接的に報酬に結びつきます。

・**自己実現**：自分のアイデアやビジョンを形にすることで、自己実現の感覚を得られます。

・**柔軟性**：市場の変化に応じて迅速に対応できるため、ビジネスモデルや戦略を柔軟に変えることができます。

・**人脈の拡大**：起業を通じて、多くの人と出会い、ネットワークを広げることができます。

▶ デメリット

- **リスクと不安**：失敗したら負債を抱える可能性も。経済的なリスクが伴います。
- **重い責任**：すべての決定や結果に対して責任を負う必要があります。特に従業員を雇う場合、その責任はさらに大きくなります。
- **資金調達の難しさ**：起業初期は資金が必要で、資金調達が難しい場合があります。
- **時間の確保**：特に初期段階では、事業の立ち上げに多くの時間を費やす必要があり、プライベートの時間が減ることがあります。
- **孤独感**：個人事業以上に、経営に関する孤独感を感じることが多く、サポートを得るのが難しいことがあります。

　起業する場合は、メリット・デメリットをよく検討して決断しましょう。

2. 本業

　本業とは、フリーランスにとっての主要な収入源となる活動で、最も多くの時間と労力を投入する仕事です。また、**個人のキャリアにおいて中心的な役割を果たし、将来的な成長や発展に寄与します。**
　この本業を武器に組織に雇われず、働き、生活する生き方がフリーランスです。

▶ 就職する手もある

　フリーランスとして死ぬまで本業で生きていければ最高ですが、途中

で企業に就職する道を選ぶという選択肢もあります。

このような人は増えているように感じますし、実際に私の身近にもいます。たとえば、当社に新卒で入社し、1年間勤務した後退職してフリーランスになり、そのまま12年間活動。その後、新卒時の学歴では入れなかった大企業に転職したという元社員。

多くの大企業は即戦力を求めているので、経験の少ない有名大学卒の人材よりも、フリーランスとしてしっかりしたスキルや実績のある方を高く評価し、採用したがる傾向にあります。

つまり今は、会社ではなく、逆に**フリーランスを腰掛けとするキャリアパスもあり**なのです。

▶ フリーランスを最終目的にする必要はない

また、ずっと1人だけで仕事をするのは苦労も多いし、つまらない、寂しいなどと感じるフリーランスやひとり社長が、企業との合併や買収などのM&Aを望むケースもよく見ます。

必ずしもフリーランスを最終目的とする必要はありません。次の時代の人生設計では、**長い人生の中でフリーランスの期間をどのタイミングで挟むかという選択肢も持っておくのもよい**と思います。

3. 副業

企業に社員として勤めながら、あるいは会社経営者や個人事業主が本業以外の時間を使ってフリーランスとしての活動を行う生き方です。起業や本業のみよりも、**格段に経済的安定性が向上**します。

次に、副業の主なメリットとデメリットについて説明します。

▶ メリット

- **収入の増加**：会社員としての主な収入源に加えて追加の収入を得ることができます。
- **スキルの向上**：新しいスキルや知識を習得でき、キャリアの幅を広げることができます。
- **ネットワークの拡大**：所属する会社とは異なる業界や職種の人々と出会い、人脈を広げるチャンスがあります。
- **リスク分散**：収入源が複数あることで、経済的なリスクを分散できます。本業が不安定な場合でも、副業があることで生活費を賄うことができるなど経済的なリスクを軽減できます。当社が運営するデザインスクールにも、ひとり社長だけど本業での稼ぎが減ったので、デザインを学びに来たという人がいます。
- **精神的な安定**：フリーランスの活動に副業として取り組むことで、プレッシャーを軽減できます。収入の不安から解放されることで、よりクリエイティブに仕事に取り組むことができます。
- **自己実現**：本業とは異なる分野での活動を通じて、自分の興味や情熱を追求することができます。

▶ デメリット

- **時間の制約**：副業を持つことで、自由な時間が減り、プライベートの時間が圧迫されることがあります。
- **疲労やストレス**：本業と副業を両立させることで、肉体的・精神的な負担が増えることがあります。
- **法的・税務上の問題**：副業に関する税金や法律に注意が必要です。適切な手続きを怠ると、トラブルになる可能性があります。
- **本業への影響**：副業のウエイトが本業を超えると、本業のパフォーマ

ンスが低下し、社内の評価が下がるリスクがあります。

副業は多くのメリットがありますが、デメリットも考慮しながら計画的に取り組むことが重要です。

4. 複業

複数の仕事や活動を同時並行的に行う働き方です。本業の継続やリスク分散のためではなく、収入の柱を複数にしたいとか複数のキャリアを持ちたいという動機で実践している人が多いです。副業と似ていますが、副業はサブワークで複業はマルチワークというイメージです。

会社員が本業を持ちつつフリーランスとしての仕事をするケースだけではなく、フリーランスとしてまったく違う職種の仕事をするケースもあります。

具体的には、次のような特徴があります。

・**多様な収入源**：複数の収入源を持つことができ、副業よりも経済的な安定を図ることができます。
・**スキルの向上**：異なる業種や職務を同時に行うことで、さまざまなスキルや知識を習得でき、自分のキャリアを広げることができます。
・**柔軟な働き方**：働く時間や場所に対する自由度が増し、自分のライフスタイルに合わせた働き方が可能になります。

この4つの中から、自分の理想とするライフスタイルに合わせて、生き方・働き方を選びましょう。

フリーランスの4つのスタイル

Point
- アイデアの創出、事業計画の策定、資金調達などを行う必要あり
- 自己実現や収入アップの可能性を秘めている
- リスクや重責を伴う。孤独感を感じることも

Point
- フリーランスから会社員という選択肢あり
- フリーランスを腰掛けにするキャリアパスもあり
- 人生のどの部分でフリーランスの期間を挟むかが重要

Point
- 収入が増えるため経済的に安定する
- スキルの向上やネットワークを拡大できる
- 疲労やストレスなどから本業に影響が出てしまうことも

Point
- 多様な収入源を確保できるため経済的に安定する
- 異なる業種や職務を同時に行うためキャリアの幅が広がる
- 柔軟な働き方が可能となる

1-4 フリーランスとして幸せになるための人生設計　生き方の4分類

　私自身は「幸福」に関して強い興味関心があるので、一般の人よりは詳しい自負があります。幸せになろう系のセミナーでよく引用されるポジティブ心理学の父で現代心理学世界トップの権威マーティン・セリグマン博士を招いて日本初の来日セミナーを開催したり、いろいろと最前線で研究してきました。

　その知恵の中から人生を構成するさまざまなを要素を元に、人が幸せになるための条件を私なりに8つに整理したものを紹介します。

1. 健康（心身健康）

　人生を幸せに生きるためには、**まずは健康であることが第一条件**でしょう。

　会社員なら基本的には会社の福利厚生で身体的な健康診断、精神的なケアが受けられますが、フリーランスはそれが一切ありません。自分で健康管理をするのは難しく、ついおろそかになりがちで、気づいた時には手遅れというケースも少なくありません。

　実際に私の父親が一番お世話になったフリーランスの恩師はある病の発見が遅れてしまい亡くなりました。

　そうならないために、バランスの取れた食事や適度な運動を心がけましょう。特にデザイナーやイラストレーター、ライターなどの職種は、何日も1日中デスクの前に座って仕事をしている、という事態に陥りが

ちです。

　長時間座っていると心血管疾患や糖尿病、肥満、さらには早死にのリスクが高まることが科学的に立証されています。なるべく座り続けている時間を減らし、定期的に立ち上がったり、歩いたりするなど、働く中にも少しでも運動を取り入れることが大切です。

　また、**年に一度、地方自治体が行っている国民健康保険の健康診査は費用が無料もしくは数百円と格安なので、毎年必ず受診しましょう。**

▶「病気じゃない」＝「健康」ではない

　医療従事者でもたまに間違えるのですが、健康とは単に「病気ではない状態」とか「体がつらくない状態」というわけではありません。

　WHO（世界保健機関）の健康の定義は「健康とは、単に病気でないことや虚弱でないことではなく、身体的、精神的、社会的に完全に良好な状態のことである」というものです。つまり、健康とは単なる身体の状態だけでなく、精神的、経済的、社会的な側面も含む多面的な概念であり、全体的なウェルビーイング（幸福感）を指すのです。

　もちろんフリーランスが体調を崩すと収入が途絶えてしまうので、身体的な健康を保つことは重要ですが、それだけではなく、**やりたいことを実現するためには精神的、社会的に良好な状態を目指す必要がある**のです。

2. 体験（趣味娯楽）

　フリーランスは常時納期に追われているので、自由に見えて意外とプライベートの時間がなかったりします。

　往々にして会社員が休みの間が忙しいので、ゴールデンウィーク、お

盆休み、年末年始関係なく働いて、長らく1泊以上の旅行をしていないとか、家庭崩壊しているケースも珍しくありません。

人は死を目前にした時、走馬灯のようにこれまでの人生の思い出が頭の中を駆け巡るといいますが、その時思い浮かぶのは、自分が所有している車や家などのモノではなく、幼少期からの体験です。

ゆえに**体験こそが人生において最終的に価値があり、体験の質が人生の質にも影響**するので、富士山に登って御来光を拝む、ピースボートで世界一周していろいろな国の人たちと触れ合うなど、趣味や娯楽でたくさんいい体験をしましょう。

3. 家庭（家族親族）

家族は、ストレスや不安を軽減するための重要な支えとなります。フリーランスの仕事は孤独になりがちですが、家族の存在が心の安定をもたらします。

また、フリーランスの仕事の特性を理解し、共感してくれる家族がいることで、仕事に対するモチベーションが高まります。成果や努力を認めてもらえることは大きな励みになります。

そして、家族との時間を大切にすることで、日常の小さな幸せに気づきやすくなります。感謝の気持ちを持つことは、ビジネス・プライベートともに全体的な幸福感を高める要素となります。

▶ 意外と大事な親族との関係

それと同じくらい親族との関係も重要です。私の周囲の人を見てみると、不幸せな人は今の家族というよりは、親族との関係に課題を抱えている人が多いように感じます。

両親との関係に軋轢を抱えている状態で自分の家庭だけ円満だと言っている人は、家族にも本音を打ち開けていないことが透けて見え、幸せそうではないと感じます。

　ですので、幸福度を上げるためには、家族・親族ともに関係が円満であることが重要だと考えます。

　事実、先祖の墓参りを日常的に行っている人などは、自分のルーツをしっかりと認識しているため、統計的に自己肯定感や自己効力感も高く、人格的にも立派で、幸福度が高いと感じます。

4. 友好 (友愛交流)

　フリーランスは、1人で黙々と作業する時間が多く、孤独を感じることも少なくありません。そんな時に、友達と会って近況のシェアや昔話をしたり、一緒に食事をしたりするだけで、孤独感が解消されて気分がリフレッシュされます。

　仕事面でもフリーランスは上司や同僚がおらず、1人で仕事を進めることが多くなります。**困難にぶつかった際に、相談したり、解決に向けて協力したりする仲間がいないと、精神的にも負担が大きくなります。**

　そんな時、友達とコミュニケーションを取って悩みを聞いてもらったり、反対に相手の相談に乗ったりと、お互いを支え合い、刺激し合う関係性は、フリーランスにとって大きな心の支えになるでしょう。

　また、同業者の友達がいれば、有益な情報を交換し合うことができます。たとえば、**新しい営業先や、効率的な仕事の進め方、税務処理についての情報など、1人では得ることが難しい情報も、友達から得ることができる場合も多いもの**です。

　交友関係から仕事につながることもあります。友達に仕事を紹介し

てもらったり、友達の知り合いから仕事を受注したり、自分には難しい案件をお願いできたり、フリーランスにとって交流の拡大は、活躍の場を広げることができる大切なインフラとなります。

同業者に限らず、さまざまな職種にわたる友達がいると、幸せはより一層広がっていくでしょう。

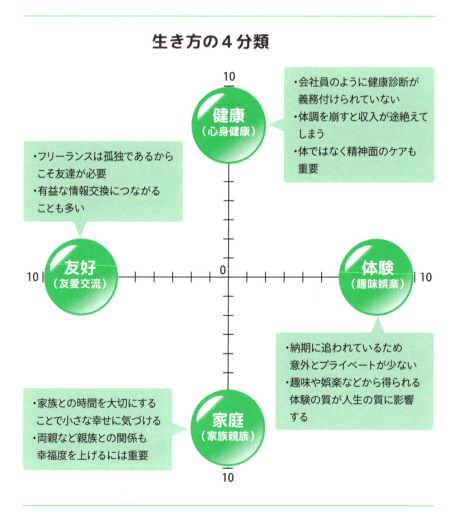

1-5 フリーランスとして幸せになるための人生設計　働き方の４分類

1. 仕事（成果役割）

▶ 仕事と労働は似て非なるものである

　ほとんどの人は起きている時間の半分以上は仕事をしていますし、人生100年時代に突入している今、日本の政治家たちは国民に老後も死ぬまで働いてもらおうとリカレント教育（生涯にわたって学び続けること）を推奨しています。となると、生きている間はほとんど仕事をしたり勉強したりすることになります。

　この時、生きるため、お金を稼ぐために働くのは不幸ですが、実は仕事そのものが人生を幸せにできる要素でもあるという話です。多くの人は仕事と労働を混同しているのですが、両者は似て非なるものです。

　労働は奴隷のように生きるためにやむを得ず、嫌々やるもので、苦痛でしかありません。仕事を労働と捉えると不幸になります。

　一方、仕事は事に仕えるの文字通り、ただ何かをすることでしかないので、そのすることが自分にとって「価値ない・意味ない・つまらない」の３ナイであれば、労働と同じく、奴隷のようにやらされるだけ、ただつらいだけということになります。

　逆に、「価値ある・意味ある・面白い」と感じられれば、人生は充実し、大きな幸福感も得られます。つまり、仕事は自分次第で幸せの材料に変えられるということです。

▶ 存在価値を感じられる仕事を選ぶ

では「価値ある・意味ある・面白い」と感じるためにどうすればいいか。人間は社会的動物なので、他者から求められている成果を上げて、評価されることが重要です。

また、人間は役割がないと集団の中で、「私、いる意味あるのかな」などと考え、自分の存在価値を感じられないのですが、その役割を与えてくれるのが仕事です。仕事によって起きている時間の半分以上、自分に存在価値を感じることができます。

この自己認識の獲得によって家族や友達にもゆとりを持って優しく接することができるので、この前の項目で解説した生き方の4分類の「家庭」や「友好」も満たすことができます。

会社員が定年で仕事をしなくなったとたんに元気がなくなったり認知症になったりするのは、役割を失うからです。起きている時間の半分以上、自らの存在価値を感じられなくなるのは想像するだけでかなりキツいことなので、そうした状態が続くと、それまでのプラスの自己認識を失ってしまうのかもしれません。

ですので、**フリーランスが幸せになるためには、自分の存在価値を感じられる仕事をすることが最も重要**だと考えます。

2. 成長（自己実現）

▶ 自己実現は内発的動機から

仕事における価値を考える際、成果や役割といった、外部から求められるものだけに焦点を当てると受動的な要素や環境に依存する割合が大きくなり、自らコントロールできない部分も増えてしまいます。

一方で、**成長とは個人が主体的に目標を設定し、それを達成していくプロセスで得られるもの**です。

たとえば「影響力のある人間になりたい」という目標は、成果や役割のために仕事をこなすだけでなく、成長したいという自己実現に向けた能動的な取り組みであり、外部環境に左右されにくい、内発的な動機に基づいています。

会社員の場合、昇進や評価といった具体的な指標があったり、身近にあの人のようになりたいと憧れるロールモデルがいるので、成長を実感しやすいです。しかし、フリーランスは、そのような指標が身近にないことから、成長を実感しづらいでしょう。

▶ フリーランスが成長を実感するためには

私がフリーランス時代に特に成長を実感できたのは、新しいジャンルの仕事を請け負えるようになった時です。デザイナーとしてスタートした私は、文章、動画、広告、さらには売上や組織までデザインできるマルチなクリエイターになるという目標を設定しました。

この目標に向かって努力し、一つ一つ新しいスキルを習得し、できることを増やしていったことで、さまざまな案件を受注できるようになり、収入も激増しました。

このように、**自分の能力を拡張し、より社会的に希少価値のある存在になるという自己実現によって、成長を実感できる**のです。

一方で、職人としてただ１つのスキルを極めることを目指し、そのスキルだけで生き抜くという求道者のような生き方も、立派な自己実現です。

地道に研鑽を重ねる過程でそれまでできなかったことができるようになったり、他の人がたどり着けなかった高みに登れた時、大きな成長を実感できるでしょう。

これらの成長欲求は、成果や役割などの他人から求められるものではなく、**あなたの内側から出てくるもの**です。そのため、環境に左右されることなく強いモチベーションで頑張れますが、それが成果や役割と合致した場合、より深く、大きく喜びを得ることができるでしょう。

3. 経済（収入資産）

▶ 収入を増やすだけでは不十分

日本は資本主義国家なので、何をするにもお金がかかります。たとえばスーパーやコンビニでお金を払わずに商品を持って帰ったり、飲食店で食事をしてお金を払わなければ逮捕されます。

逆に言えば、お金があれば幸福感を得ることができます。経済が社会のグランドルールになっている日本で幸せに生きるためには、経済的豊かさは避けては通ることができないポイントです。多くの人がフリーランスになろうとするのは、収入を増やして経済的に豊かになりたいという動機からでしょう。

しかし、実際にフリーランスになって収入が増えたら、新しくぶつかる壁があります。それは、収入が増えただけでは、経済的に豊かになれないという悲しい現実です。経済的豊かさとは、**単に収入が多いことではなく、あなたのやりたいことに対して、手元に自由に使える資産が必要なだけある状態のことを言います。**

▶ 支出のコントロールが重要

資産を増やすためには、入ってくるお金だけではなく、出ていくお金、つまり支出をコントロールしなければなりません。

フリーランス時代の私は収入は増えても、その分をそっくり高額な交流会やセミナーなどに費やしていたので、いつまで経っても資産は増えないどころかマイナスになり、まったく豊かになれませんでした。

ちなみにこれまでに研修やセミナー、オンラインコンテンツに支払ったお金は累計2億円以上になります。これは自己投資ではなく、世の中のすべてのことを知りたいという、完全に個人的欲求に基づいた単なる出費でした。こうした**自分の欲求を満たすために必要な額を常に持っているという状態がゴール**です。よく、稼げるようになったことで、より稼いでいる人と関わり、際限なくお金を追うようになる人がいますが、あれを金の亡者と呼びます。

つまり、**経済的豊かさを得て幸せになるためには、収入と支出をうまくコントロールして、あなたの欲求に対して適度な資産を築くことが重要**なのです。

また、良い資産とはただ目の前にあるお金やモノだけではなく、時間の経過とともに価値が増えるものです。たとえば家も買うだけではなく誰かに貸せば利回りが生まれるので良い資産と言えますが、ただ買っただけでは資産とは言い切れません。資産と呼べるように効果的に運用することで、経済的な安定を築くことができます。

4. 社会（他者貢献）

▶ 他者への貢献が自分の幸福につながる

「生き方の4分類」の最初の健康の項目でも話しましたが、WHOが定めた健康の定義の中の1つに、「社会的に良好な状態であること」があります。

人類は地球上に登場した時から社会的動物なので、1人で生きること

はできません。よくフリーランスになって１人で生きていくんだと言っている人がいますが、危ない勘違いです。あなたが稼いだお金を刷ってくれる人や、お金をもらって食料を作ってくれる人や運んでくれる人、販売してくれる人、家を作ってくれる人、インフラを整備・維持してくれる人などがいなければ生きていくのは到底不可能です。私たちは、赤ちゃんとして産まれたその日から今日まで、自分の食べ物のひとつさえ、自分で作ることはできません。

　この１人では生きていけないという大前提があるので、社会の一員として他者から奪う発想ではなく、**他者に与えたり、貢献することが求められ、貢献できた量が多ければ多いほど、感じる喜びも大きくなります。**

　ちなみに、貢献する対象は、家族や友人以外にも、名前も顔も知らない赤の他人など、自分の視界から遠い人であればあるほど感じる幸福度は高いとされています。

　世の中の偉人と呼ばれる人たちは全員、良い影響を及ぼした領域と人数がとんでもなく広く、多かったわけです。

　素晴らしい先輩たちに少しでも近づき、自分の社会的価値を上げるためには、社会貢献の度合いを上げる必要があります。それが結果的に自分の喜びとなり幸福度を上げることにつながるのです。

▶ **順番にも意味がある**

　これまで解説した生き方と働き方で分類した８つの要素の中で、最も幸福度に寄与するのは最後の社会（他者貢献）なのですが、最初から狙って貢献するのはなかなかできません。

　なぜなら、**他者貢献とは、まず仕事（成果役割）をきっちりとこなして成長（自己実現）し、経済（収入資産）的に豊かになるなど、自分を高めていった先に初めて可能となる**からです。

　仕事を通して成長すると、クライアントなど身近な人に貢献でき、資

産が増えたら寄付ができ、大勢の見知らぬ人に貢献できます。このように、1の仕事から2の成長、3の経済と進むに従って、貢献の度合いがどんどん大きくなるので、取り組む順番にも意味があるのです。

生き方の4つも同じです。まずは自分が健康でなければ家族や友達に優しくするのは難しいし、迷惑をかける可能性があるので健康を第一条件にしています。

2番目の体験（趣味娯楽）が充実して楽しそうな人は魅力が増すので、より良い家庭や友好関係を築きやすくなります。生き方の方も、1から順番に取り組めば効果的・効率的に幸せになれるでしょう。

今まで出会ってきた数十万人の幸せな人・不幸せな人の分析を元に分類した項目と順番なので、自分が知りえる限り最も適格だと思います。

▶ すべては時間の中に収まる

また、この8つを包括して存在するのが「時間」です。

時間とは人が生まれてから死ぬまでの人生そのものを指します。受精卵の段階から命は始まるので、年齢マイナス1歳からあなたの人生はスタートしています。

この生まれてから死ぬまでの元々は真っ白な時間の中で、健康であったか、どんな体験をしたか、どのような家族や友人関係を築いたか、どれだけの仕事をして成果を得たか、どれだけ成長して自己実現したか、どれだけ資産を積み上げたか、そしてどれだけの人に貢献できたかが重要です。

つまり人が、**幸せに生きるために、自分の時間の中にどのような価値を入れるかを考えやすくするための観点で8つの要素に分類した**わけです。

よく「人生は死ぬまでの暇つぶし」などとカッコつけている人もいますが、そんな人には「生まれてから死ぬまでの時間を積み重ねたもの

第1章 「生き方」と「働き方」

79

が人生なので、暇つぶしと言っていると人生そのものを潰すことになるよ。そんな考えでは幸せになれるわけないから言わない方がいいよ」と諭しています。

また、この8つは内容が重なる部分もあります。生き方の4つと働き方の4つが重なるところに自分を置くように意識すれば、常に幸福という状態になります。

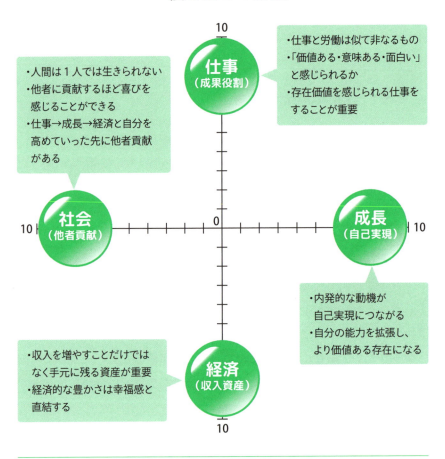

1-6

お金を稼げるだけの
スキルや専門知識があるか

▶ 戦うための武器が必要不可欠

　フリーランスとして生きていくためには、まず**お金を稼げるだけのスキルや専門知識が必要**です。

　まず、これまでの会社員生活や自己学習の中でそれが身についているかを確認しましょう。

　たとえば、私は4年以上大手ゼネコンで誰よりも働いて成果を出していたので、会社には必要とされていたのですが、そこでの経験やスキルはフリーランスとしてはまったく使い物になりませんでした。

　個人として建設の現場監督のスキルを持っていても、当然ゼネコンはビル建設の現場監督の仕事を個人に発注することなど、リスクが大きすぎてできないからです。ですから、そもそもフリーランスの現場監督は基本的に存在しません。

　重要なのは、**個人として他者に必要とされるスキルや専門知識があるかどうか**なのです。

　今勤めている会社でそれらが身につけられているならそのままフリーランスになっても問題ありませんが、私のように手に職がつけられない職種の場合どうすればいいかを、私の経験から解説していきます。

1-7

市場をリサーチして
スキルの棚卸しをしてみよう

▶ 戦う場所として成長分野を選ぶべし

　フリーランスになっても稼げるスキルを持っていない人がまずすべきことは、**活動する市場を決めること**です。

　ポイントは**市場の需要と成長性**です。需要が伸びている市場を選ぶことで、安定した収入を得やすくなりますが、縮小している市場を選ぶと、今は仕事があっても5年後には稼げなくなる可能性があります。どんな市場でも新しいテクノロジーの登場ひとつで、市場自体が消失することもあるので注意が必要です。

▶ 勝つためにリサーチはマスト

　参入する市場を決めるために必要不可欠なのが綿密な市場調査です。市場規模や成長性だけではなく、その市場において、競合がどのような戦い方をしているかを正確に把握する必要があります。それができなければ参入しても勝つことは難しいでしょう。

　市場の状況を見極めるのは簡単ではありません。今はランサーズやクラウドワークスといったフリーランス向けの案件プラットフォームがあるのでとりあえず戦うことはできます。

　よく調べると過当競争になっている分野や、まだ参入の余地がある分野があるのですが、しっかりと調査分析できなければといつまでも足踏みしていては、勝率以前の問題になってしまうので、取りあえず始めて

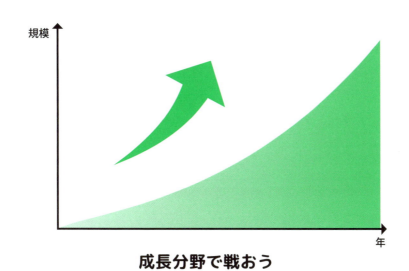

成長分野で戦おう

みるのもいいでしょう。

　私の場合はランサーズやクラウドワークスに掲載されている全業界・業種・職種の案件を調べ尽くして、案件の平均単価が比較的高かったことと、学生時代に身につけたPhotoshopやIllustratorを独学で覚えられた経験があったので、デザイナーを選びました。

　もしこの時、一番単価が高いのが翻訳業だったなら、当時の自分は翻訳からスタートしていたかもしれません。

　需要や成長性に関しても、これから社会で絶対にテック系が急速に普及すると予測していたので、それに伴ってWebデザインの需要も爆発的に伸びると考えました。

▶ **先を読むことも重要**

　また、当時から単価の高かったITのプログラマーやSE、コンサルタ

ントになろうと思わなかったのは、15年前からこれらIT系の仕事は将来AIに代替されると予測していたからです。今、その予測は一部現実のものとなっています。

ただ、AIではプロ並みのデザインはできないだろうと思っていました。この予測も当たったのでデザイナーを選んだのは正解でした。

それでまずは、デザイナーとして現場で必要とされる知識とスキルを独学で身につけて、ネットでデザイン案件を取りまくりました。

デザイナーとして安定的に月収100万円以上を稼げるようになった後は、ライティングや広告、動画、マーケティング、コンサルティング、カウンセリング、セラピスト、占い、整体、料理など、個人として稼げるスキルのみに特化して、次々と習得していきました。

これに伴い、収入も右肩上がりに増えていったのです。

今、私がこれらのスキルをすべて失ったとして、フリーランスを志望して市場や職業を考えるなら、**最も重視するのは再現性**です。その**業界のトッププレイヤーにどれだけ早く追いつけるかという結果が大事なので、自分でも再現できるかどうかを重視**します。

▶ 職種は性格に合わせて選ぶやり方もある

売れる専門スキルがなければ、自分の性格に合わせて職種を選ぶのもよいでしょう。たとえば人と喋るのが苦手だったら、自宅で1人でできるプログラマーやデザイナー、イラストレーターなどを選ぶとストレスなく働けます。

逆に喋るのが得意ならセールス代行やビジネスコーチ、コンサルタントなど、人と話すことがメインの職業を選ぶのもよいでしょう。自分でよくわからなければ、**パーソナリティ分析や職業適性診断の結果を元に検討したり、キャリアコーチングを受けたりするとよい**でしょう。

1-8

リスクと安全性、初期投資と損益分岐点

▶ 特に初期投資が必要なビジネスは必須

　ここまで本書を読んでみて、フリーランスとして生きていく術が決まって、もう後は少々のリスクなんか気にしない、頑張るだけだと迷いなくアクセルベタ踏みでその道に突き進める人はそのまま行けばいいと思います。

　ただ、**最低限のリスクと安全性、初期投資や損益分岐点については誰もが考慮しておく必要があります。** その理由を次に説明します。

1. 収入の不安定性

　これまで何度も話している通り、毎月安定した給料をもらえる会社員とは異なり、フリーランスは収入が不安定になります。リスクを理解し、安全性を確保するためには、どの程度の収入が期待できるかを事前に評価する必要があります。

2. 初期投資の影響

　手掛けるビジネスによっては、店舗や設備、ソフトウェア、マーケティング費用などの初期投資が必要となる場合があります。ビジネスを始めるにあたり、これらの初期費用がどの程度必要かを把握し、資金計画を立てることが重要です。

　ちなみに、私がデザイナーを選んだのは、元手0円でリスクなく始められるという安全性も理由の一つです。手元に潤沢な資金がない人は、

極力初期費用がかからないビジネス、職種を選ぶ方が無難でしょう。

3. 損益分岐点の理解

　多額の初期投資が必要なビジネスの場合、最初は赤字スタートになります。そのまま何も考えなければ資産が目減りし続ける一方なので、損益分岐点を考える必要があります。

　損益分岐点とは、ビジネスにおける収入と支出が等しくなるポイントのことです。

　損益分岐点を理解するメリットは次の通りです。

・事業の収益性やリスクを評価することができる。
・いつまでにどのくらいの売上を上げる必要があるかが明確になる。
・売上目標や行動目標を設定しやすくなり、ビジネスを計画的に進めることができる。
・財務状況を理解することで、リスクを軽減する戦略を立てられる。
・商品やサービスの価格設定に役立つ。

　これらによって、あなたのお財布事情の健全性を把握し、戦略的な意思決定が可能になります。

損益分岐点の計算方法
損益分岐点（売上高）＝ 固定費 ／ 利益（販売価格 − 変動費）

※固定費：事業運営にかかる固定的な費用（例：家賃、給与、光熱費など）。

※変動費：売上に応じて変動する費用（例：原材料費、販売手数料など）。

※販売価格：商品やサービスの販売価格。

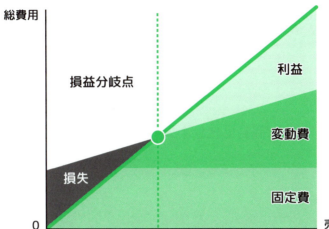

4. リスク管理

　ビジネスのリスクと安全性を考えることで、潜在的な問題や課題に対して備えることができます。フリーランスはすべてが自己責任であるため、リスクを軽減するための戦略を持つことが成功の鍵となります。

5. 長期的な視野

　フリーランスとしてのキャリアを考える際、短期的な利益だけでなく、長期的な成長や安定性も視野に入れる必要があります。リスクと初期投資を考慮することで、持続可能なビジネスモデルを構築できます。

1-9

ネットワークとコミュニティ、既存人脈の重要性

▶ 人脈が広がれば同時にビジネスチャンスも広がる

　フリーランスとして戦う上で、会社員時代に築いた人脈はプラスαの武器としてかなり使えます。

　特にフリーランスになりたてのころは実績が少ないため、仕事を受注しようとしても、思うようにはなかなか行かないでしょう。

　しかし、既存の人脈があれば、仕事を紹介してもらうことができます。特に、あなたのスキルや実力を理解している人からの紹介は、信頼性が高く、スムーズに仕事につながる可能性が高くなります。

　そのように継続的に仕事を紹介してもらえることで、安定した収入を得ることができます。

　また、たとえばカフェを始める場合も、何年も通っている美容室やネイルサロンがあれば、顔見知りのオーナーに自分の店のショップカードやコーヒーの割引券を置いてもらえるでしょう。それによって来店する客数が増える可能性が高くなります。

　さらに、既存の人脈を通じて、新たなビジネスチャンスが広がる可能性もありえます。

▶ 情報交換のみならず悩みを相談できる仲間になる

　フリーランスは基本的に孤独な存在です。時にはすごく困ったり、ひどく落ち込んだり、不安にさいなまれ、眠れぬ夜を重ねてしまうこと

コミュニティを作って維持しよう

もよくあります。

　そんな時、**同じフリーランスの知り合いや同業種の仲間がいれば、仕事や人生に関する悩みや不安を相談できます。** 有益なアドバイスを得られる場合もありますが、直接解決につながらなくても、似たような境遇の人に話を聞いてもらうだけで気持ちが楽になるものです。

　フリーランスにとって、人脈は精神的な支えとなるのです。フリーランスを長く続ける上で、このような心強い存在は必要不可欠でしょう。

　また、既存の人脈やコミュニティを通じて、最新の業界情報やトレンド、潜在的な顧客に関する情報、競合他社の動向などをいち早く入手できたり、**フリーランス仲間と協力することで、より大きな案件を獲得できる可能性があります。**

▶ **既存の人脈の維持と新しい人脈の作り方**

　既存の人脈やコミュニティを維持するためには、知人に定期的に連絡

したり、自分のスキルや実績を積極的に発信することが重要です。

　コミュニティに入っている場合は、**イベントや会合に積極的に参加し、運営に貢献することで、メンバーたちとより深い関係を築くことができます。**

　既存の人脈がない人は作りましょう。主な作り方は次の通りです。

交流会への参加：異業種交流会や業界のイベントなどに参加することで、新しい人々と出会う機会を増やせます。

オンラインコミュニティ：オンラインコミュニティは手軽に参加でき、人脈を広げることができます。今はオンラインコミュニティ全盛の時代なので、軽く検索しただけでもかなりの数がヒットします。どんどん参加しましょう。

SNS：ほとんどの業界の起業家とは Facebook でつながれますし、LinkedIn などのビジネス向けの SNS を活用することで、新たな人脈を築くことができます。

　これらの点を踏まえ、ご自身の状況に合わせて、人脈作りやコミュニティ活動に取り組みながらチャンスを拡大してみてください。

1-10

「気持ちよりも売上」
クライアントのニーズをつかもう

フリーランスとして成功するためには、クライアントのニーズを的確につかみ、それに応えることが非常に重要です。

私が15年前にフリーランスのデザイナーになった時、デザインの案件がたくさんあり、市場が伸びていたのですが、当然ながらそれだけでは案件は受注できません。

ですので、まずはクライアントのニーズを研究したところ、彼らの困り事が一向に解消されていないことがわかりました。

その困り事とは、多くのデザイナーは、芸術的な表現を追求したいという欲求が強いがゆえにオシャレなデザインだけを作るので、クライアントが求めているデザインが全然上がってこないということでした。

クライアントにとってはオシャレかどうかなどはどうでもよく、重視していたのは売上が上がることだけでした。つまり、**クライアントが求めているのは、自社の売上向上につながるデザインだけ**ということがわかったのです。

▶ 潜在的ニーズをつかむ

どの企業もデザインで売上を上げたいと思っていたにもかかわらず、売れるかどうかという視点でデザインについて議論しているデザイナーは皆無でした。

そこで私は、「売れるデザイン」というキャッチフレーズを打ち出し、クライアントの売りたいというニーズに特化したサービスを提供するこ

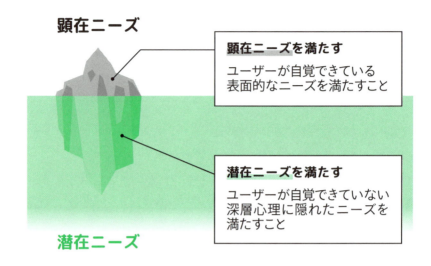

とにしました。

　当時このような訴求をしているデザイナーは誰一人としていなかったこともあり、多くのクライアントから興味を持たれ、デザイン案件の受注数が激増したのです。

　つまり、クライアントが叶えてほしいけれど叶えられていない要望を見つけ、それを叶えられるスキルがあれば後発でも未経験でも実績が無くても必ず売れることが体験を通じてわかりました。

　たとえ潜在ニーズまで拾えないとしても、**目の前のクライアントが求めていることくらいは、リサーチしたり、直接ヒアリングをさせてもらえばすぐにわかります。** フリーランスになったら即、実践しましょう。

1-11

自己成長の機会
将来的キャリアパスへの継続

▶ **貪欲にスキルを習得して収入の柱を増やす**

　大半のフリーランスは一定のレベルに達して食べるのに困らなくなるとそれで満足して、そこから先、さらに上のステージに登ろうとしなくなります。

　私はデザインで生計を立てられるようになっただけでは満足も安心もできなかったので、デザインスキルを身につけた後も、さらにクライアントの困り事を聞き続けました。

　それが文章に関する困り事ならライティングスキルを学ぶことで、執筆案件を受注できるようにしました。同じようにしてマーケティングコンサルや動画制作など、クライアントが求めることをどんどん習得していったことで、収入が格段にアップしました。

　たとえば、デザイン、執筆、写真撮影、動画制作などができると、新しいWebサイトの制作を丸ごと受注できます。これが可能になると、デザインだけの受注に比べて、桁が１つ違う報酬を獲得することができたりします。

　できることを増やすと、リスクヘッジにもつながります。もしトラブルやエラーなど何らかの事情でデザインの受注が激減した場合でも、他のスキルで収入を補うことができるからです。

▶ **横・縦・面でスケールアップを目指そう**

フリーランスとして大きく成長し、いずれは法人化を目指すなら、スキルを増やす横軸だけではなく、人を雇ったり事業規模を大きくしたりする縦軸のキャリアパスも考慮する必要があります。

フリーランスとして生計を立てることは、まずは点での成功に過ぎません。**これを横に広げるのか、縦に広げるのか、あるいは面で取りに行くのかを考えることが重要**です。この活躍のエリアを広げることが、成功するための大切な要素です。

また、フリーランスとして成功できるか否かは、行動を起こす前に成功できるというイメージを持てるか否かにかかっています。

人間の行動は感情に基づいて決まるので、ここまで読んだ内容と自分の考えをしっかり照らし合わせてみて「成功できる」と感じたら、フリーランスになるために動き始めてもよいでしょう。

逆に、成功イメージが湧かなかったり不安を感じる場合は、立ち止まるべきです。イメージできないことの実現は難しいからです。

おぼろげながらでもフリーランスとしてこういうふうにしたら成功できそうだというイメージがつかめるまで、たとえば成功しているフリーランスに話を聞いたり、私たちが主催するセミナーに参加するなど、情報収集することをお勧めします。

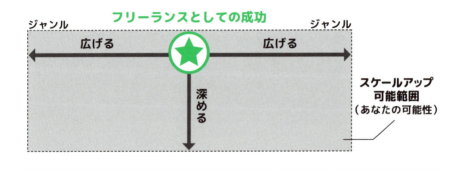

第 2 章

フリーランス開業基本の「き」

2-1

節税効果もあり
とにかくまずは開業してみよう

▶ 開業の準備と手続き

　フリーランスとして開業する際の準備と手続きの基礎知識について説明します。

　まず、フリーランスになる際の最初の一歩である開業届について。**提出するタイミングや手続きは非常に簡単**です。法人の設立に比べて手間も費用もかかりませんので、安心してください。

　開業届は、あなたの住民票がある地域の管轄の税務署に行き、「個人事業主として開業したい」と伝えると、必要な書類を渡されます。必要事項を記入して窓口に提出すると、スタンプが押されて手続きが完了します。

　これだけで開業手続きは完了です。つまり、誰でも起業しようと思ったその日に簡単に起業することができるのです。

　ただし、開業届を提出した瞬間から税の申告義務が発生し、自宅に申告の書類が届くようになります。

　次に、開業届を提出するタイミングについて。基本的に副業などの雑所得が年間20万円を超えると申告の義務が生じます。それ未満であれば申告の必要はありません。これは法律で定められているため、遵守することが求められます。

✓ 開業届を出すメリット

- ・青色申告で節税できる
- ・個人事業主としての口座とカードが作れる
- ・小規模企業共済（年金のようなもの）が使える

✓ 開業届を出すデメリット

- ・失業保険の支給が停止される
- ・扶養から外れる可能性がある

▶ 開業のメリット

開業届を提出することで得られるメリットについて説明します。1つ目は、青色申告ができること。確定申告についてはあとで詳しく説明しますが、青色申告とは、自分で税金を申告する際の方法の一つです。青色申告を選ぶと節税効果が得られ、税額を抑えることができます。

2つ目は、個人事業主としての銀行口座とクレジットカードを持てること。これにより、クライアントに対してプロフェッショナルな印象を与えることができ、個人事業主としての信用度が向上します。

ただし、メガバンクでは個人事業主向けの口座開設が難しい場合があります。そのため、楽天銀行やGMOあおぞらネット銀行などのネットバンクを利用するのがオススメです。

3つ目は、小規模企業共済が利用できるようになること。これは個人事業主向けの年金制度のようなもので、節税効果もあります。個人事業主としての活動が長期にわたる場合、この共済を利用することを考えるのもよいでしょう。

また、保証という意味では、病気や体調不良などのリスクに備えるために、**フリーランス協会の所得補償制度への加入**も検討してみましょう。 特に扶養家族がいる人や、より安定的に所得を確保したい場合は有効なケースがあります。

　なぜこのような話をするかというと、冒頭でもお話しした通り、あなたはこれから傭兵になるからです。 どこかの王国の騎士団に所属していれば、戦いでいざという時に他の騎士が守ってくれたり、遭難したら探してくれたり、大怪我を負っても国に帰れば手当てしてもらえたりと、手厚いサポートが受けられます。

　しかし、無所属の傭兵の場合、あなたがどこで野垂れ死んでも誰も気にも止めません。 自分の身は自分で守るということを当たり前のこととして認識する必要があるのです。

　青色申告を活用し、屋号口座を作成し、補償を活用することで、より安全に事業を運営していきましょう。

▶ 開業のデメリット

　一方で、開業届を提出するデメリットもあります。 たとえば、会社を辞めてすぐに開業届を出すと、**失業保険の支給が停止**されます。 失業保険を受給したい場合は、開業届の提出時期に注意が必要です。 また、それまで配偶者や親族の扶養に入っていた場合は開業届を出すと扶養から外れる可能性もあるため、この点も考慮する必要があります。

　以上がフリーランスとして開業する際の基本的な手続きと開業のメリット・デメリットです。 個人事業主としての活動を始める際には、これらのポイントを踏まえて計画を立てることが重要です。

2-2

個人事業主の「お金」の話

次に、個人事業主として生きる上で非常に重要な保険、年金、税金について解説します。**フリーランスになると、各種税金や社会保険料は**会社からの天引きがなくなるため、自分で支払う必要があります。

▶ 健康保険

まず、保健について。 個人事業主は国民健康保険に加入するのが一般的ですが、アート、クリエイティブ系の仕事をする人は文芸美術国民健康保険という保険も利用できます。

作家や漫画家、音楽家などは、この保険の方が国民健康保険よりも保険料が割安かつ特典が多いので、詳細を調べてみるとよいでしょう。

所得が低い間は扶養に入っている方が経済的には有利です。**月収が10万円を超えたら、自分で保険に加入するか、法人化を検討しましょう。**

▶ 年金

年金は20歳から60歳までは国民年金に加入する必要があります。 それに加えて、フリーランスは不安定なので、将来のために自ら保障を手厚くしておくことをお勧めします。

たとえば、国民年金基金や付加年金（月額400円）に加入すると、老後の受給額を増やせます。 フリーランスを長く続けるなら、加入する

のがよいでしょう。

さらに、iDeCoやNISAといった確定拠出年金もありますが、専門家に相談してから始めることをお勧めします。

ただ、私個人の考えでは、**所得が低いうちは自己投資を優先し、本業での収入アップを目指すべき**だと思います。

▶ **税金**

フリーランスが支払わなければならない税金には次のようなものがあります。

所得税——事業所得から、経費や青色申告などの控除を引いた「課税所得」に応じてかかる税金です。課税所得に応じて税率が決まります。個人事業主の場合は「累進課税制度」が採用されており、所得が多くなるほど課税率が高くなる仕組みになっています。

住民税——住民税には市区町村民税と都道府県民税の2種類があります。どちらも前年の所得に応じて算出され、原則として都道府県民税と市区町村民税の合計で徴収されます。

個人事業税——事業を営む個人にかかる地方税です。都道府県に対して納付します。税率は3％～5％の間で、業種によって異なります。すべての業種が対象となるわけではなく、第1種事業、第2種事業、第3種事業の業種に応じて課税対象が決まっています。

消費税——原則として、前々年の消費税を含む年間売上高が1,000万円を超えると消費税の納税義務が発生します。当日現在の売上ではなく、その前々年の売上にかかるので注意が必要です。

2-3

ざっくり確定申告の手順を押さえておこう

　フリーランスになると、**1年間（1月1日～12月31日）の所得金額とそれに対する所得税の額を自分で申告しなければなりません。これを確定申告と言います。**

　確定申告を行う場合、まずその年のすべての収入を計算します。そこから必要経費や所得控除（基礎控除、社会保険料控除など）を差し引き、課税所得金額を計算します。

　この課税所得金額に対して税率を適用し、所得税額を算出します。ただし、所得税の計算には累進課税制度が採用されているため、**所得が多いほど税率が高くなります。** そのため、課税所得金額に応じて、計算される所得税率が決まります。

　次に、源泉徴収などですでに納税している金額がある場合、確定申告を行うことでそれらの納税額を精算します。

　フリーランスとして仕事をするようになるとわかりますが、大抵の企業は報酬から10.21％（源泉所得税）を差し引いた額をあなたの口座に振り込みます。このように源泉徴収されている場合は、確定申告を行うことで還付金を受け取ることができます。

　確定申告は、**毎年原則として2月16日から3月15日までの間に行う**必要があります。申告書を税務署に提出するか、e-Taxを利用して電子申告することができます。

　確定申告においては、一般的に会計帳簿が必要とされています。会計帳簿とは、収入や支出、取引の内容などを記録した帳簿のことで、毎日の取引を記入して、最終的に決算書を作成するための書類です。

個人での確定申告の場合、白色申告か青色申告かによって、会計帳簿の作成義務の内容が異なります。

▶ 白色申告なら簡易的な方法で帳簿の作成可能

白色申告は、個人事業主やフリーランスが確定申告を行う際の基本的な申告方法です。事前の申請が不要で、複式簿記ではなく簡易な帳簿で済むため、手続きが比較的簡単です。収入や経費を記録した帳簿に基づき、収支内訳書を作成して申告します。ただし、青色申告と比べて控除が少なく、節税効果が限定的です。事前の手続きなく利用でき、経理の負担が軽い一方、将来的に所得が増えた場合は青色申告への切り替えも検討すべきです。

▶ 青色申告なら65万円の控除が受けられる

青色申告の場合は65万円の控除を受けることができるかわりに、一定の水準で記帳を行うことが義務付けられています。具体的には、「複式簿記」と呼ばれる方法で記帳することが求められます。複式簿記では、すべての取引を「借方（左）」と「貸方（右）」の2つの側面から記録するため、日々の取引を正確に記録することが必要となります。

確定申告で提出する書類には、これらの会計帳簿をもとに作成された「損益計算書」と「貸借対照表」が含まれます。これらの書類は、事業の収入や経費、資産や負債を明らかにするために使用されます。

会計帳簿の作成は、事業に関するお金の流れを把握するだけでなく、確定申告の際に必要となる書類を作成するために重要です。確定申告において適切な手続きを行うために、日々の取引を正確に記録し、会計帳簿を作成することをお勧めします。

白色申告	青色申告
・手続きが楽(単式簿記)	・手続きが煩雑(複式簿記)
・65万円の控除なし	・65万円の控除あり
・経費にできるものが少ない	・経費にできるものが多い
・赤字を繰り越せない	・赤字を繰り越せる

▶ 会計ソフトを駆使すれば自力での青色申告も難しくない

　会計帳簿の作成をExcelなどで一から行うのはかなり面倒なので、会計ソフトを使うとよいでしょう。

　特に、仕事用の口座を作成し、「freee」や「マネーフォワード」などの会計ソフトと連携させると便利です。これにより、自動的に帳簿が作成されるので楽です。どちらのソフトも非常に安価で、私もfreeeを使用しています。

　青色申告では、科目ごとに経費を分類する必要がありますが、家計簿程度の作業なので先ほど話した**会計ソフトを使用すれば自力でできます。**

　自分で作成するのが難しければ税務署や税理士からサポートを受けることができます。税理士に依頼すると5万円程度の費用がかかりますが、65万円の控除を受け取れるので、その分を差し引いても利益が出ます。5万円払って65万円得するという事業主的選択も重要です。

　以上が、個人事業主として知っておくべき基本的な情報です。

2-4

独自ドメインは信頼の証

▶ メールアドレスについて

メールアドレスはどのようなビジネスを行う上でも必要不可欠ですが、Gmail や Yahoo! メールなどのフリーメールを仕事用として使うのはお勧めできません。

ただ、最近では許容されることも増えています。Yahoo! メールか Gmail で選ぶなら、断然 Gmail が良いでしょう。@yahoo.co.jp のドメインは庶民的なイメージが強いですが、@gmail.com は IT 系や外資系企業でも使われているため、Gmail の方が印象は良いです。

しかし、独自にドメインを取得したメールアドレスの方が見栄えと信用度は格段に上です。月に数百円のコストでイメージが大幅に向上するなら、投資する価値は十分あります。

フリーランスになるということは、法人になることとほぼ同じです。もしあなたが勤める会社がドメイン料をケチって Yahoo! メールを使っているとしたら、どう思いますか？ 特に Web 系のフリーランスのアドレスのドメインが Yahoo! メールだったら、信頼度はかなり低下するでしょう。

だからこそ、メールアドレスにお金をかけることはさまざまな損失を防ぐために必要な投資なのです。

個人事業主として活動する際には、サラリーマンや消費者と同じ感覚ではダメです。事業主がお金を使う際は、消費ではなく投資として考え、リターンを見込んだ選択をすべきでしょう。

104

たとえば、消費者であれば本を買うのは消費ですが、事業主にとって本は仕事を完遂するために必要な資料なので投資です。ゆえに確定申告の際には、経費にすることもできます。

余談ですが、私も起業直後のお金がない時に100万円の借金をして自己啓発の合宿に参加しました。それが良い転機となり、爆発的に収入が増えました。

もちろん、100万円のセミナーに参加すれば確実に稼げるというわけではありませんが、個人事業主としては投資と回収を意識することが重要なのです。この感覚を持つことが、成功への近道です。

▶ ドメインの選び方

改めてメールアドレスにおけるドメインについて解説します。

ドメインとは、メールアカウントの@マークの後ろに続く部分を指します。たとえば、メールアドレスが "example@japan-design.jp" であれば、"japan-design.jp" がドメイン名です。**ドメイン名はインターネット上で識別される組織や個人の住所のような役割を果たします。**

通常、ドメイン名はトップレベルドメインとセカンドレベルドメインで構成されており、トップレベルドメインは ".com" や ".jp"、".org" など、インターネットの世界での場所を示します。

セカンドレベルドメインは組織や個人が自由に決めることができ、名前やサービスに応じたドメイン名を作成することができます。先ほどの例で言えば、"japan-design" がセカンドレベルドメインです。

ドメインは、まず基本としてアルファベットで設定することが重要です。過去には日本語ドメインもはやりましたが、現在も一般に定着していないので避けましょう。ごくまれに日本語ドメインを使っている人がいますが、このアドレスで本当に届くのか、不安になります。

また、奇抜なドメインも避けましょう。たとえば ".xxx" などのドメ

インは、一見ユニークに見えるかもしれませんが、アダルトサイトに使われているドメインです。意味がわからないままつけると、すごく恥ずかしい思いをすることになるので要注意です。

また、".support"や".beach"などの特殊なトップレベルドメインは、月額利用料が5,000円などと高額になる傾向があります。

お勧めなのは、".com"や".jp"などの一般的なドメインです。信頼性が高く、費用も月額500円から1,000円程度なので、ドメインで変なこだわりを持たずに安全な方を選びましょう。

▶ ドメインの決め方

次にサブドメインの決め方について解説します。

フリーランスの場合は、自分の屋号をアルファベット表記でドメインに組み込むのが基本です。

ドメイン名があまり長くなりすぎるのも避けた方が無難です。複数の単語が連なって長くなる場合は、ハイフン（-）を1つ使うくらいならアリです。

ただ、ハイフンが2つも3つも入ると、相手が打つ時にわずらわしいと感じてしまうので避けましょう。何事も相手の気持ちになって考えることが大切です。

たとえば、当社の場合、"japandesign"ではなく"japan-design"にしたのは、起業当初から会社を大きくするという大前提があったので、**相手が読みやすく、打ちやすく、電話などで口頭で伝える時にわかりやすい**ドメインにしようという思惑があったからです。

ですが、多くのフリーランスの場合は個人や小規模なビジネスで使用することが多いと思うので、電話でスペルを伝える機会は少ないかもしれません。ただ、大きな成功を目指す方はそこまで考えてもいいと思います。

もし希望するドメインがすでに他の事業主に取られている場合は、トップレベルドメインを変えたり、数字を加えたり、少し変更を加えてみても構いません。

　信頼性とコストを考慮しながら、適切なドメインを選びましょう。

▶ ドメインは複数持つ

　ドメインは何らかのトラブルで、突然使えなくなることもゼロではないので、念のため2つほど取得しておくことをお勧めします。年間数千円のリスクヘッジなら安いものでしょう。**ビジネスには保険の意識が必要です。**

　ちなみに当社では、日本デザインのグループ事業関連のドメインだけでも300個以上持っています。これは、競合他社が類似のドメインを取得するのを防ぐ防衛の意図があります。

　一般的なフリーランスの場合はそこまで大量のドメインを持つ必要はありませんが、自分のブランドを保護するために、必要最低限のドメインを取得しておいてください。

▶ ドメイン取得とメール設定の手順

　ドメインを取得した後のメール設定について説明します。

　ドメイン会社、サーバー会社選びは人それぞれ好みがありますが、私自身が日本と海外のいろいろな会社を試した上で気に入っているのが、**ドメインは「お名前.com」で取得し、サーバーはエックスサーバーを利用する方法**です。

　まず、「お名前.com」でドメインを取得します。取得の途中で「このドメインのサーバー設定をどれにしますか？」と尋ねられるので、エックスサーバーを選択します。その後、エックスサーバー側で「このド

メインを追加する」だけで設定は完了です。

　どちらも最も安いプランで問題ありません。特にサーバーは、まずドメインでメールが使えるようにするためのもので、後は WordPress をインストールするところまでやっておくとよいでしょう。エックスサーバーは管理画面に「簡単インストール」という項目があるので、数クリックで設定完了できるはずです。

　以上が、フリーランスとして必要な基本的な準備事項です。

独自ドメインは信頼の証です。
取得はそれほど難しくありません。
一人前のフリーランスとしての信頼感を高め、自分自身を引き締めるためにも、ぜひ取得しておきましょう！

2-5

事務所は？　資金は？
本格的に事業に乗り出そう

ワークスペース

　フリーランスになる時、まず悩むのが働く場所です。

　会社員なら仕事場は会社が用意してくれるので何も考えなくてもいいですが、フリーランスになると自分で用意しなければなりません。

　フリーランスにとって、働く場所は収入に直結する重要な要素です。自分に合った仕事環境を整えることは、フリーランスとしての成功に必要不可欠です。

　次に紹介する主な仕事環境の中から、自分の経済状況、収入、性格、得たい結果に応じて選びましょう。

▶ 自宅

　自分一人だけで、来客もない仕事では、場所にこだわる必要はありません。自宅で十分です。

　自宅で問題なく集中して仕事ができれば、余計なコストがかからないので理想的です。しかし、私を含め、自宅では働けないというフリーランスも多いです。

　私はフリーランスになりたてのころ、自宅で仕事をしていたのですが、長時間集中できず、すぐに飽きて横になって寝てしまうほど怠惰だったので、自宅での仕事には向いていないと痛感しました。

それは今でも同じで、働く場所は自宅とオフィスの半々ですが、自宅の時はオンラインミーティングしかしません。これにより、すぐ寝てしまう自分の発生を防いでいます。

▶ カフェ

低コストで長時間いられる上、周りの適度なざわめきが逆に集中できるので、カフェで仕事をするフリーランスは多いです。

私もフリーランスになりたてのころ、経済的に厳しく、自宅ではすぐに寝てしまうため、池袋のカフェに通って、1杯300円のチャイを頼んで、客席が空いている限り4〜5時間ほど仕事をしていました。

ここ最近は受けたを恩を返すように、月1回受講生と交流会を主催して、月に数十万円の売上貢献をしています。ただ、コーチやコンサルティングなど、他人に聞かれたくない話をするのがメイン業務の職業は、周りに人がいない空間を選んだ方がよいでしょう。

▶ コワーキングスペース

図書館では周りの人が集中して読書したり勉強したりしているので、自分も集中して作業できます。それと同じように、周囲の人が仕事に集中している環境では、自分もすぐに集中モードに入れて仕事がはかどります。

集中力が続かない人は、このような集合無意識の力や集団圧力を借りるのも一つの手です。その意味で、コワーキングスペースは有効です。

また、**コワーキングスペースは大勢のフリーランスが利用しているので、そこで出会った人と友人になるなど人脈が広がり、新たな仕事につながることも珍しくありません。** 利用料が比較的安価だという点も魅力的です。

110

▶ 事務所賃貸

事務所を借りるのは、ビジネスが拡大し、従業員を雇う必要が生じたり、法人化するタイミングのケースが多いです。

事務所を借りることの最大のメリットは、クライアントからの信頼度が向上することです。事務所がないと信用を得るためにセールストークをかなり頑張らなければなりませんが、**事務所があれば信用度が上がるので、その分の営業コストを下げることができる**のです。

そのためには、事務所を構えるビル名も重要です。名刺に記載するのが一般的なマンション名ではクライアントの印象が悪くなるリスクがあるため、私が事務所を借りる時はビル名にこだわって、今は「池袋センタービル」というビルに入っています。

自慢するほど大それたビルではないのですが、駅からのアクセスも管理人の雰囲気も良く、クライアントの印象がいいと感じたからです。

また、事務所を借りることで、固定費は増えますが、自分のステージが上がったと実感できます。

私が初めて借りた事務所は10畳の小さなワンルームマンションでしたが、自分の城を持つことでいっぱしの事業主になったと感じました。同時に、今までよりも頑張らなければならないと気合いが入りました。

このようにモチベーションを上げるためや、自分にプレッシャーをかけるために、支払い能力があるのであれば、従業員がいなくてもあえて事務所を借りるのもよいでしょう。

ちなみに私が事務所を借りた理由は、従業員が1人いたからですが、その1人を雇った理由は自分が寝てしまわないためでした。人前ではしっかりしようとする気持ちが湧くので、寝ずに働くことができました。もし従業員を雇わずに、自分一人だったら、事務所のソファベッドでずっと寝ていたかもしれません。

支援

　フリーランスとして活動する期間が長くなればなるほど、成長すればするほどさまざまな新しい問題・課題が生じます。

　そんな時、1人で解決することも大切ですが、自分の現状に合わせて、**最適な専門家を選び、支援を受けることで、事業拡大やビジネスの成功に役立ちます。**

　以下に代表的な専門家の役割、活用タイミングやメリットを紹介します。

▶ カウンセラー

　心理学やカウンセリングに関する専門的な知識と技法を駆使し、精神的に弱っている依頼者を心理的にサポートする専門家です。依頼者に寄り添い、心の声に耳を傾けることで、抱えている問題や不安、ストレスを軽減したり、一緒に解決策を考えたりもします。

　また、キャリアやライフプランに関する相談にも乗ってくれるなど未来について考える手助けになります。

　何の後ろ盾も持っていない孤独な傭兵であるフリーランスは、とかくメンタルを崩しがちです。少しでも精神的に支えがほしいと思ったらカウンセラーを頼る選択肢を持っておくといいかもしれません。

　メンタルがよほど強い人以外は、信頼できるカウンセラーを持っておくことをお勧めします。

活用タイミング

・精神的なサポートが必要な時。

・ストレスや不安を感じている時。

・お金を払ってでも、ただ話を聴いてほしい時。

メリット
・メンタルケアのプロからサポートを受けられる。
・ストレスや不安を軽減し、メンタルヘルスが改善する。
・内面の課題が言語化され解決の糸口が見つかる。

▶ コーチ

　アドバイザーやコンサルタントとは違い、明確なアドバイスをせず、依頼者にさまざまな角度から繰り返し質問することによって、依頼者自身が新たな気付きや答えが得られるよう手助けをしてくれます。

　具体的な目標設定や達成計画、モチベーションを高めるなど、目標達成の手助けをしてくれます。

活用タイミング
・自己成長やスキル向上を目指している時。
・目標達成のためにモチベーションを強化したい時。
・目標や計画をもっと上手に立てたい時。

メリット
・モチベーションを強化するサポートを受けられる。
・個別対応で具体的な目標設定ができる。
・持続的な成長を促すフィードバックを得られる。

第2章　フリーランス開業基本の「き」

▶ コンサルタント

　個人や企業が抱えるさまざまな課題に対して、客観的な視点と経験や知識に基づいたアドバイスや解決策、目標達成のための戦略、計画を立案し、実行を支援する専門家です。いわば、**外部からの「診断医」であり、「戦略家」**と言えるでしょう。

　アドバイザーと似ていますが、元々主体性があり、アドバイスさえ得られれば自分で進んでいける人ならコンサルタントで十分です。

　また、コンサルタントは動機づけなどはしてくれず、至らない点に関しては厳しくダメ出しをしたり、disってくることもあるので、それにへこたれず、むしろ発奮するようなタフなメンタルの持ち主に向いています。

活用タイミング

・ビジネス的な解決策を知りたい時。
・業務改善や新たな市場への進出を考えている時。
・業務プロセスを改善または再構築したい時。

メリット

・データ分析や市場調査に基づいた具体的な戦略を聞ける。
・客観的な視点での評価やフィードバックが得られる。
・実行可能な計画を立て、目標達成をサポートしてくれる。

▶ アドバイザー

　企業や組織が抱える課題解決や目標達成に向けて、特定の分野におけ

る専門知識や経験に基づいたアドバイスを提供する専門家です。企業の内部または外部から関与し、経営者や従業員に対して、多角的な視点から問題分析を行い、最適な解決策を提案します。

特にビジネスや組織に問題がある場合、アドバイザーに相談した方が早く解決したり、滞っていたプロジェクトが進むケースがあります。

また、経営者としてある程度ビジネスがわかるようになったらブレインストーミング時に、壁打ち相手として活用するのもよいでしょう。

活用タイミング
・特定の問題や課題に対して意見やアドバイスがほしい時。
・特定の分野の知識が不足している時。
・ブレインストーミングの相手がほしい時。

メリット
・相談事に対して、自分とは異なる視点からの意見を得られる。
・問題解決のための具体的な施策が見つかる。
・特定分野の最新トレンドや技術に関する情報を提供してくれる。

▶ 顧問

企業や組織の経営や事業活動の顧問には、元々内部にいた人が務める内部顧問と、そうではない人が務める外部顧問の2つのタイプがあります。戦略に関するアドバイスや指導を行い、その成長をサポートしてくれます。いわば、企業の外部からの「賢い目」であり、「経験豊富な相談相手」。客観的な視点ながら、HPにも名前が記載されたり、コンサルやアドバイザーよりも会社メンバーの一員に近いスタンスで事業全

体を見つめ直し、改善点を特定してくれます。

> **活用タイミング**
> ・知識や経験が豊富な相談相手がほしい時。
> ・事業の成長戦略や方向性を一緒に考える人がほしい時。
> ・事業の後ろ盾にスゴい人の名前を借りたい時。

> **メリット**
> ・ビジネスの方向性を明確にする助けとなる。
> ・長年の経験と知識に基づいた戦略的なアドバイスが受けられる。
> ・地位や名声のある人を事業の一員に加えることができる。

開業準備金

　フリーランスとして独立するにあたり、お金に関する準備はしっかりしておく必要があります。

　特に開業のためにまとまった資金が必要なビジネスの場合は、前もって開業資金を用意しておかなければなりません。事務所やコワーキングスペースなど固定費になるものを利用したい場合は、少なくとも利用料の半年から1年分の貯金をしておくべきです。

　開業資金がそれほど必要ではないビジネスの場合も、独立してしばらくは思うように収入が得られないことも多いので、低収入でも数年生活ができる程度の貯金はしておきましょう。

　資金調達の方法としては、銀行からの借入や、行政主導の補助金や助成金の利用などが挙げられます。最近は、行政が起業支援のために簡

単に貸付を行う制度も増えており、特にIT関連の事業は比較的容易に資金が借りられる傾向にあります。

このような情報は、インターネットで「フリーランス　助成金　or　補助金」と検索すれば、多くの情報が得られます。**準備をしっかり行い、スムーズな開業を目指しましょう。**

▶ 銀行口座

ビジネス用口座開設のメリット

個人事業主として開業するなら、事業用の銀行口座を開設しましょう。理由は次の通りです。

1. **信用の向上**：ビジネス用の口座を持つことで、事業に対して真摯に取り組んでいるというプロ意識を取引先や顧客に感じさせることができます。これにより信頼度がアップし、ビジネスの成長に寄与します。数あるメリットの中で最大のメリットでしょう。
2. **資金管理の明確化**：ビジネス用口座を持つことで、事業の収入と支出を個人の資金と分けて管理でき、経理処理が簡単になります。
3. **経費の把握**：事業に関連する経費を明確に記録できるため、税務申告の際の証拠としても役立ちます。
4. **税務上のメリット**：経費の計上が明確になり、税務署からの監査を受けた際にも説明がしやすくなります。
5. **法人化や融資の準備**：将来的に法人化を考えている場合、ビジネス用口座があるとスムーズに移行できます。また、融資を受ける際にもビジネスの財務状況を示しやすくなります。

これらの理由から、個人事業主はビジネス用の銀行口座を開設することを強くお勧めします。

口座を解説するならネットバンクがお勧め

「開業のメリット」の項目でも触れましたが、個人事業主用の口座は、メガバンクで開設するのが難しくなっています。そのため、口座開設のハードルが低い住信SBIネット銀行や楽天銀行、GMOあおぞらネット銀行などのネットバンクを利用するのがお勧めです。

また、ネットバンキングは、いつでもどこでも口座の残高を確認したり、振込が可能で、さらに口座維持費、振込手数料、ATM利用手数料などの各種手数料も低いという数々のメリットがあります。

▶ クレジットカード

実績のない個人事業主は与信（金融会社から見た自分の価値）が皆無なので、利用上限が低いカードしか作れません。

実際に私は個人事業主になった時、利用上限額が15万円のクレジットカードしか作れず、しばらく苦しい思いをしました。今では上限額が数千万円あるので、ほとんどのものはカードで買えますが、15万円では何も買えません。当時はデポジットカードというものもなかったので本当に厳しかったです。会社員時代にクレジットカードを作っておけばよかったととても後悔しました。

大事な学びとしては、同じ大坪拓摩という人間でも働き方次第で、与信が変わるということです。ですので、会社員の間に上限100万円を超えるクレジットカードを作っておくことが重要です。

これをしておけば銀行から融資を受けられなくても、クレジットカードのカードローンで何とか生き延びることができます。

▶ 決済システム

お客様やクライアントから報酬を受け取る方法は銀行振込以外にもい

ろいろあります。

　次に、自分で商品やサービスを作って販売したいフリーランスにお勧めの決済サービスを紹介します。

▶ PayPal

主な特徴

・**世界中で利用可能**：200以上の国と地域、100以上の通貨に対応しており、海外の顧客との取引もスムーズに行えます。

・**安全性**：業界最高水準のセキュリティシステムを採用しており、不正利用のリスクを低減できます。

・**多様な決済方法**：クレジットカード、デビットカード、銀行口座など、さまざまな決済方法に対応しています。

・**簡単操作**：複雑な設定は不要で、誰でも簡単に利用を開始できます。

・**買い手保護制度**：買い手と売り手のトラブルが発生した場合、PayPalが仲介し、解決をサポートします。

主なメリット

・**初期費用が無料**：PayPalのアカウント作成は無料で行えます。

・**導入が簡単**：オンラインストアとの連携も比較的簡単に行えるため、すぐに決済システムを導入できます。

・**海外顧客の獲得**：世界中で利用されているため、海外の顧客を獲得するチャンスが広がります。

・**手数料が比較的安い**：他の決済サービスと比較して、手数料が比較的安い場合もあります。

・**売上管理機能**：売上履歴や顧客情報などを管理できる機能が備わっており、事業の運営を効率化できます。

・**モバイル対応**：スマートフォンからでも手軽に取引を管理できます。

- **個人間送金**：顧客への返金や、他の事業主との取引など、個人間での送金もスムーズに行えます。
- **サブスクリプション機能**：定期的な支払いを自動化する機能があり、継続的な収入を得たい場合に便利です。
- **請求書作成機能**：顧客への請求書を簡単に作成・送信できます。

向いている事業者

- **ネットショップ運営**：ファッション、雑貨、食品など、あらゆる種類の商品をオンラインで販売している事業者。
- **EC サイト運営**：自社サイトだけでなく、Amazon、楽天市場などのマーケットプレイスに出店している事業者。
- **デジタルコンテンツ販売**：音楽、動画、ソフトウェアなどのデジタルコンテンツを販売している事業者。
- **コンサルティング**：ビジネスコンサルティング、IT コンサルティングなど、専門的な知識やスキルを提供する事業者。

▶ Stripe

主な特徴

- **多様な決済方法に対応**：クレジットカードはもちろん、デビットカード、Apple Pay、Google Pay など、世界中のさまざまな決済方法に対応しています。
- **グローバル対応**：世界中の多くの国で利用でき、多言語対応も充実しています。
- **カスタマイズ性**：自社の Web サイトやアプリに、Stripe の決済機能を簡単に組み込むことができます。
- **セキュリティ**：業界標準のセキュリティ対策が施されており、安心して利用できます。

・**追加機能**：請求書の作成、顧客管理、不正検知など、決済以外の機能も充実しています。

主なメリット

・**導入が簡単**：APIを導入することで、比較的簡単に決済機能を実装できます。
・**多様な決済方法**：顧客の利便性を高めることができます。
・**グローバル展開**：海外への進出を検討している企業にとって、大きなメリットとなります。
・**スケーラビリティ**：事業の規模に合わせて、柔軟に利用できます。

向いている事業者

・**ECサイト運営**：商品の販売に特化したい事業者。
・**アプリ開発**：アプリ内課金を導入したい事業者。
・**サブスクリプションサービスの提供**：定期的な課金処理を効率化したい事業者。
・**海外展開を検討している**：グローバルな決済に対応したい事業者。

　ただ、PayPalとStripeは何かあってもなくてもすぐ凍結されるので、注意が必要です。

　個人でハンドメイド作品などを販売したい人や副業としてネットショップを始めたい人、小規模事業でオンライン販売を始めたい人などにはBASEもお勧めです。

　主な特徴やメリットは次の通りです。

・**ショップ・カート機能**：PayPalやStripeと違い、カート型なので複数の商品・サービスを同時に決済することができます。
・**初期費用・月額費用が無料**：商品が売れた際に手数料が発生する従量

121

課金制のため、気軽に始められます。

- **操作が簡単**：専門知識がなくても、直感的な操作でショップを作成できます。
- **日本製**：日本のサービス事業者なので、初めから日本人にわかりやすい仕様になっています。
- **デザインテンプレートが豊富**：さまざまなジャンルの商品に合わせたデザインテンプレートが用意されており、簡単にカスタマイズできます。
- **SNSとの連携**：InstagramやX（エックス）などのSNSとの連携がスムーズに行え、集客に役立ちます。
- **決済方法が充実**：クレジットカード、コンビニ決済、キャリア決済など、さまざまな決済方法に対応しています。
- **マーケティング機能**：クーポン発行やメルマガ配信など、集客・販売促進のための機能も充実しています。
- **手軽に始められる**：初期費用が安いので、個人でもすぐにネットショップを開設できます。
- **デザインの自由度が高い**：自分好みのショップデザインにカスタマイズできます。
- **コミュニティが活発**：BASEのユーザー同士が情報交換できるコミュニティがあり、困った時に相談できます。

▶ クラウドソーシングサイトを使うのもあり

　ランサーズやクラウドワークス、ココナラなどのクラウドソーシングサイトを使えば、決済システムも付帯しているので、手数料はかかりますが、クライアントから報酬を受け取るための手間が省けるし、そもそもビジネス用の銀行口座さえ作らなくていいというそこそこのメリットがあります。

また、**最大のメリットはクライアントによる未払いを防げること**です。特に法人化していない個人事業主は、法人からナメられることも少なくありません。

　私自身も個人事業主時代を振り返ると累計1,000万円以上の未払い案件がありました。また、納品した後に気に食わないから作り直せといつまでもゴネて報酬を払おうとしない悪質なクライアントもいました。

　クラウドソーシングサイトを利用すれば、発注者はデポジット決済しないといけないため、そのようなトラブルを防ぐことができ、報酬の受け取り事故を防ぐことができます。

法律関連

▶ 営業許可証

　事業によっては営業許可証が必須のものもあります。営業許可証とは、特定の事業を行うために、国や地方公共団体から認められる許可証です。

　許可が必要な業種は、その事業が国民の生命・身体・財産に影響を与える可能性がある場合や、公衆衛生・安全に関わる場合など、さまざまな理由で定められています。

　次に営業許可証が必要な主な業種や営業許可証を取得するための手続き、許可証を取得しない場合のリスクなどについて簡単に紹介します。

営業許可証が必要な主な業種
- **飲食業**：レストラン、カフェ、居酒屋など、食品を調理・提供する事業
- **小売業**：食品、医薬品、危険物などを販売する事業

- **製造業**：食品、薬品、化粧品などを製造する事業
- **運送業**：貨物や人を運送する事業
- **理容・美容業**：理髪や美容を行う事業
- **建設業**：建築工事を行う事業
- **医療業**：医師、歯科医師、薬剤師などが行う医療行為
- **金融業**：銀行、証券会社など、金融サービスを提供する事業

営業許可証を取得するための手続き

営業許可証を取得するためには、一般的に次の手続きが必要になります。

1. **申請書類の準備**：所定の申請書に必要事項を記入し、必要な添付書類を揃えます。
2. **申請書の提出**：管轄の行政機関に申請書を提出します。
3. **現地調査**：行政機関が、営業する場所の状況などを調査します。
4. **許可証の交付**：審査の結果、問題なければ許可証が交付されます。

許可証を取得しない場合のリスク

- **違法営業**：許可なく営業することは違法行為であり、罰則が科せられます。
- **営業停止**：無許可での営業が発見された場合、営業停止処分を受けます。
- **信用失墜**：違法営業が発覚すると、企業のイメージが損なわれ、顧客からの信頼を失います。

営業許可証は、事業を行う上で欠かせない許可証です。許可が必要な業種かどうかは、事業内容によって異なりますので、事前に必ず確認するようにしましょう。

また、許可証を取得する際には、必要な手続きをしっかりと行い、法

令を遵守することが重要です。

ビジネスプラン

　ビジネスプランは個人事業主として取り組むビジネスを成功させるために必要不可欠です。

　その理由は、大きく分けて次の3つに集約できます。

▶ 1. 事業の成功確率向上

・**目標設定の明確化**：ビジネスプランを作成することで、事業の目的や達成したい目標を具体的に定めることができます。これにより、事業の方向性を明確にし、迷いを減らすことができます。

・**戦略の策定**：目標達成のために必要な戦略を立て、具体的な行動計画を策定します。これにより、日々の業務を効率的に進めることができ、目標達成に近づけます。

・**リスクの洗い出し**：事業を進める上で考えられるリスクを事前に洗い出し、対策を講じることで、リスクを最小限に抑え、事業の安定化を図ることができます。

▶ 2. 資金調達の円滑化

・**事業の信頼性向上**：ビジネスプランは、あなたの事業に対する熱意や将来性を外部に伝えるために重要な資料となります。金融機関への融資申請や投資家へのプレゼンテーションなど、資金調達の際に必要な信頼性を上げることにつながります。

・**具体的な資金計画**：必要な資金とその使途を具体的に示すことで、金

融機関や投資家に対して、あなたの事業計画が現実的で実行可能であることをアピールすることができます。

▶ 3. 事業運営の効率化

- **定期的な見直し**：ビジネスプランを作成することで、定期的に事業計画を見直す機会が生まれ、現状と目標の差異を把握し、必要な修正を行うことができます。
- **意思決定のサポート**：ビジネスプランは、事業運営に関する重要な意思決定の際に、客観的な判断材料を提供します。
- **チームメンバーとの共有**：ビジネスプランをチームメンバーと共有することで、全員が同じ目標に向かって事業に取り組むことができます。

　ビジネスプランは、単なる計画書ではなく、あなたの事業を成功に導くための羅針盤です。 ビジネスプランを作成することで、事業の成功確率を高め、資金調達を円滑に進め、事業を効率的に運営することができるのです。

▶ ビジネスプランに含めるべき主な項目

- **事業の概要**：事業内容、ターゲット顧客、提供するサービスや製品など
- **市場分析**：市場規模、競合他社分析、SWOT分析など
- **販売戦略**：販売チャネル、価格設定、マーケティング戦略など
- **財務計画**：損益計算書、キャッシュフロー計算書など
- **組織体制**：組織図、人員計画など

▶ ビジネスプラン作成のポイント

- **具体的**：抽象的な表現ではなく、具体的な数字やデータを用いて記述する。
- **実現可能**：現実的に達成可能な目標を設定する。
- **柔軟性**：市場環境の変化に対応できるよう、柔軟な計画とする。

▶ マーケティング理解、カスタマージャーニーと営業ワークフロー

　ビジネスを成功させるためには、お客さんはどのようなプロセスで自分が提供する商品やサービスを買ってくれるのかを考えることが重要です。

　その一連の流れをカスタマージャーニーといいます。

　あなたの顧客がどのような体験をし、どのようなことを考えて購買に至るのかを旅に見立ててプロセス化することで、より顧客視点に立った商品やサービスの立案が可能になります。

　カスタマージャーニーを図や表などで可視化したものを「カスタマージャーニーマップ」といいます。このマップを作成することで、顧客の行動や心理を深く理解し、次のようなメリットが得られます。

- **顧客体験の改善**：顧客が不満に感じている点や、より満足できる点を見つけ出し、改善することができます。
- **マーケティング効果の向上**：顧客の行動パターンを分析し、効果的なマーケティング施策を立案できます。
- **商品・サービスの開発**：顧客のニーズに合った商品やサービスの開発につなげることができます。
- **顧客とのエンゲージメント強化**：顧客との関係を深め、ロイヤルカス

タマーへと育成することができます。

▶ カスタマージャーニーマップの例

たとえばあなたがライターで、クライアントがあなたに記事執筆を依頼する場合のカスタマージャーニーは次のような流れになります。

出発地点：ある会社が問題を解決するため、あるいは目標を達成するために自社のホームページに記事を掲載したいと思う。
↓
問題・課題：でも実際に記事を作ってみようと思ってもそのリソースが社内にない。
↓
探す：ランサーズやクラウドワークス、SNSなどでライターを検索。
↓
認知：あなたを見つける。
↓
検討：これまでの実績等を見て興味を持つ。
↓
問い合わせ：案件の内容を伝えつつ、執筆を依頼できないかと問い合わせをする。
↓
商談：スケジュール、報酬などより具体的な商談を行う。この時、ヒアリングで、より正確なニーズを共有。
↓
提案：あなたからニーズを元に記事の内容の提案をもらう。
↓
発注：正式に発注する。

まずこのような流れを理解し、それをいかに再現するかを考え、実践することで受注を増やすことができるでしょう。

※確実に受注するために必要な事柄などは「第6章　自動的に仕事が舞い込む営業活動」「第7章　クライアントワークが連続受注の肝」を参照。

▶ 事業計画

個人事業主が事業計画を立てた方がいい理由は、プランすればそのプランに沿うように頑張るのでプランに近い結果となりますが、プランしていなければ流されるがままの結果になってしまうからです。

つまり、**個人事業主にとって、事業計画は成功への羅針盤のようなもの**なのです。単に「やりたいことをまとめたもの」ではなく、事業を成功に導くための具体的な道しるべとすることが重要です。

とはいえ、それほど厳密に立てる必要はありません。私も起業した時、先輩の経営者に事業計画書を作成しなければならないと言われて、ヘビーなものを想像したのですが、フリーランスの場合はいくつか箇条書きで書くくらいの簡単なもので十分でしょう。

参考までに、事業計画の立て方などについて解説します。

▶ 事業計画の立て方

1. 現状分析
・自分の強み、弱み、事業環境などを客観的に分析します。
・競合他社の状況も把握し、自分の特徴や優位性を明確にします。

2. ターゲット設定
・自分がどのような人・法人を顧客とするかを決めます。

3. 目標設定

・短期目標（1年以内）と長期目標（3年後、5年後など）を設定します。
・具体的な数値目標（売上目標、利益目標など）を定めます。

4.戦略策定

・目標達成のために、どのような戦略で事業を進めるのかを具体的に記述します。
・マーケティング戦略、販売戦略、人材育成戦略などを含めます。

5.実行計画

・いつ、誰が、何を、どのように行うのかを具体的に計画します。
・マイルストーンを設定し、進捗状況を定期的に確認します。

6.財務計画

・損益計算書、キャッシュフロー計算書を作成し、資金繰りなどを予測します。
・必要な資金調達の計画も立てます。

▶ 事業計画書に含めるべき項目

・**事業の概要**：事業内容、ターゲット顧客、提供するサービスや製品など
・**市場分析**：市場規模、競合他社分析、SWOT分析など
・**販売戦略**：販売チャネル、価格設定、マーケティング戦略など
・**財務計画**：損益計算書、キャッシュフロー計算書など
・**組織体制**：組織図、人員計画など

▶ マスターマインド

1人では目標達成のためにモチベーションを維持して頑張るのが難しいという人はマスターマインドを持つことがお勧めです。

マスターマインドとは、共通の目標を持つ人々が集まり、互いにアイデアを出し合い、協力し合いながら、それぞれの目標達成をサポートし合うグループのことです。個人で目標達成を目指す上で非常に有効な手段です。

以下、マスターマインドについて簡単に解説します。

マスターマインドの目的

・**目標達成の加速**：互いに励まし合い、モチベーションを高めることで、目標達成までの時間を短縮できます。
・**新たな視点の獲得**：異なる視点を持つメンバーから意見やアドバイスをもらうことで、新しいアイデアや解決策を見つけることができます。
・**知識と経験の共有**：メンバー同士で知識や経験を共有し、お互いの成長を促します。
・**孤独感の解消**：同じ目標を持つ仲間とつながることで、孤独感を解消し、モチベーションを維持できます。

マスターマインドに参加するメリット

・**成長の加速**：自分の成長を加速させることができます。
・**視野が広がる**：異なる視点を持つ人々と交流することで、視野が広がります。
・**人脈形成**：同じ志を持つ仲間とのつながりが生まれ、人脈が広がります。
・**問題解決能力の向上**：さまざまな問題に対して、より効果的な解決策を見つけることができます。

マスターマインドを成功させるためのポイント

・**共通の目標を持つ**：メンバー全員が共通の目標を持っていることが大切です。

・**定期的な集まり**：定期的に集まり、目標の進捗状況を共有し、互いにサポートし合うことが重要です。

・**信頼関係の構築**：メンバー同士が信頼関係を築くことが大切です。

・**多様な視点**：異なるバックグラウンドを持つメンバーが集まることで、より多様な視点から問題を解決することができます。

マスターマインドの形式

・**対面での集まり**：定期的にメンバーが集まり、直接意見交換を行います。

・**オンラインでの集まり**：オンライン会議システムを利用し、遠隔地にいるメンバーとも交流できます。

・**メールでの交流**：メンバー間でメールで情報を交換し、サポートし合います。

第 3 章

成功の裏法則 コンセプトメイキング の極意

3-1

肩書とプロフィールはコンセプト

▶ **敏腕編集者が語る「肩書き」と「プロフィール」の重要性**

私のビジネスパートナーであり、これまでに200冊以上の本を世に送り出してきた敏腕編集者が、こんな話をしてくれました。

「本が売れるかどうかは、その著者の肩書きやプロフィールに大きく依存する。 どんな人が書いているのか、何を書いているのかが読者に響くかどうかで、売れ行きが変わる。 だからこそ、編集者は著者の肩書きやプロフィールの作成にとても力を入れている」

これは本だけに限った話ではありません。 たとえば、起業家が競争の激しい分野、いわゆる「レッドオーシャン」から抜け出し、自分の強みを活かした独自の道を進みたいとリブランディングを考える場合、まず必要なのは「新しい肩書き」と「説得力のあるプロフィール」です。

成功の鍵は、短い文章の中で「その人が何者か」を簡潔かつ的確に伝えること。 **肩書きやプロフィールは、その人の第一印象を形作り、他者に興味を抱かせる最も重要なツール**なのです。

▶ 肩書き＝コンセプト

　肩書きは「コンセプト」と言い換えることができます。**肩書きには、その人の職業だけでなく、スキルや価値観、さらにはその人が目指す未来まで凝縮されています。**

　たとえば「作家」という肩書きは、世の中にあまり多くないため、名乗るだけで目を引き、信頼を得やすい傾向があります。しかし、一般的な「デザイナー」という肩書きでは、それだけで人の関心を引きつけたり、信頼感を生むのは難しくなっています。

　今や「デザイナー」という職業だけでも、印刷物、Web、ファッション、建築、車など、多岐にわたる専門分野があります。どの分野でのデザインを手掛けるのか、どんな価値を提供できるのかが明確でなければ、依頼者も自分に合ったデザイナーかどうか判断できません。そのため「ファッションデザイナー」「UI/UXデザイナー」「ブランド戦略デザイナー」など、具体的な肩書きにすることで、他者にわかりやすく、独自の強みを示すことができます。

　つまり、**肩書きには「明確なコンセプト」が必要**です。コンセプトが曖昧だと、自分の強みがぼやけてしまい、仕事につながりにくくなります。一方、**コンセプトがしっかりしていれば、その肩書きだけで自分の価値を伝え、他者に共感や信頼を与えることが可能**です。

　これから「肩書き＝コンセプト」についてさらに掘り下げて考えてみましょう。すべての製品やサービスの成功の鍵は、コンセプトづくりにあります。あなたがフリーランスとして活動する際に役立つ、「依頼が舞い込んでくる肩書きやプロフィール」の作り方について、この方法を通じて具体的にお伝えしていきます。

3-2

1万人に1人を目指せ

　まず、フリーランスになりたい人は、1万人に1人の存在になることを目指しましょう。

　たとえば、世の中にWebデザイナーは多いですが、その中でどうしたら自分が1万人に1人のデザイナーになれるかを考えてみてください。

　この話を聞いて、「そんなのは自分には無理」と感じるかもしれません。確かに自分の中に1万人に1人の才能や強みを見出すのはかなり難しいでしょう。

　ただ、私が個人や企業のリブランディングを手掛ける際、クライアントが人気者になったり、仕事の依頼が増えたりするための戦略として、この「1万人に1人」を目指すアプローチが効果的であることを実感しています。

　しかし、当然ながら一発でそのレベルに到達するのはほぼ不可能です。たとえば、オリンピックやサッカーの日本代表選手や政治家のようなレアな肩書きを持つ人に会うと、尊敬の念を抱き、仕事を頼みたくなります。しかし、ほとんどの人は政治家や日本代表にはなれません。

▶ スキルの掛算で唯一無二を目指す

　ではどうするか。私が推奨するのは、「1/30」×「1/30」×「1/30」の理論です。

　たとえば、あなたが小学生の時、30人のクラスで1番足が速かった

1万人に1人の肩書を目指そう

30人に1人("クラスで1番"程度)の強みも3つ掛け合わせれば

$$\frac{1}{30} \times \frac{1}{30} \times \frac{1}{30} = \frac{1}{27000}$$

になる

とか、絵がうまかったとか、笑いを取るのが得意だったとか、そういった才能や強みを思い出してみましょう。

　それらの1/30人の才能や強みを3つ掛け合わせることで、1/27000になります。しかしクラスで1番の強みが3つもないという人は、100人の中で1番の強みが2つでもいいのです。これでも1万人に1人の存在になります。

　このように、**複数の強みを掛け合わせることで、その他大勢とは違う、あなた独自の突出した強みを得ることができる**のです。

　あなたもこれまでの自分の人生を振り返って「これなら自慢できる！」と思う3つの強みを探してみましょう。その中の1つがデザインやライティングかもしれません。デザインやライティングにどの要素をプラスすれば、唯一無二のコンセプトになるかを一緒に考えていきましょう。

▶ 手始めに強みの棚卸しを行う

　そのために、まず、強みの棚卸しをしてみてください。たとえば、

これまでの人生で「こういう強みがあった」「こういう才能があった」「こんなことで人から褒められた」というようなものを思い出せる限り思い出して、それらをすべて書き出してみましょう。

その中から「これは特に人に負けない」という自分の肩書きやコンセプトになりうる強み、つまり「クラスで1番くらいの強み」を選んでください。

中にはなかなか書けない人もいるでしょう。でも大丈夫です。このプロセスを考えることで、新しいアイデアが生まれることもあります。

書けなかった人も、とにかく頑張って考えてみることが重要です。そうしないと、フリーランスとして活動していく際に「ただのデザイナー」としてしか自己紹介できず、作品の強さだけで勝負しなければならなくなります。

ライバルがひしめくこの世界ではよほど突出した実力がないと厳しい戦いを強いられます。また、作品を直接見せられないような場所でも仕事を取れるようになるためには、**唯一無二の肩書きを作ることが必要で、そのために自分の強みを考えることが重要**なのです。

▶ 肩書きのブラッシュアップ

これからフリーランスとして活動する人、またはすでに活動している人は、肩書きをよりブラッシュアップすることが重要です。

たとえば、現在会社員であっても、将来的にフリーランスとして活動するなら、会社員でありながら政治家というような肩書きを持つことも可能です。そのような肩書きを持つ人は非常に珍しく、その希少性が大きな強みとなります。希少性の高い人は存在価値も高くなり、多くの人や企業から求められます。

つまり、**今の時代や市場の中での希少価値を意識して、自分の価値や独自性を高めることが重要**なのです。

138

3-3

売れるコンセプトの作り方

次に、自分自身のブランディングを目的とした、希少性の高い肩書きを作るための、**具体的なコンセプトメイキングの方法**を解説します。

自分自身のブランディングを強化するには、**「ありそうでなかったもの」を生み出すことが重要**です。

たとえば、私が15年前に「企業での実績があるフリーランス」という立場で活動を始めたとき、まだ「フリーランス」という言葉は一般的ではなく、フリーランスに対する社会的なイメージも良くありませんでした。当時、フリーランスは「ビジネスマナーが欠けた社会不適合者」という見方をされることが多かったのです。

しかし、**「企業経験を持つフリーランス」というポジションを打ち出したことで、営業先の企業からは「他のフリーランスとは違う」「小さな法人よりもしっかりしている」と評価されるようになりました。**その結果、あるビジネスマッチングプラットフォームでは、大手法人を含む他の事業者の3倍以上のクライアントを獲得し、担当者から「どんな裏技を使っているのか」とインタビューを受けたほどです。

もちろん、現在ではフリーランスが一般的になり、このままの手法では差別化は難しいかもしれません。しかし、「誰でもできるけれど、ありそうでなかった」形で表現するだけで、競合と差をつけることができるのです。

あなたも、**自分の肩書きやコンセプトにこの「希少性」を取り入れることで、クライアントから選ばれる存在になり、仕事の依頼が自然と集まるフリーランスになれる可能性があります。**

第3章 成功の裏法則 コンセプトメイキングの極意

▶「ありそうでなかった」を言語化する3つの方法

とはいえ、「ありそうでなかった」を見つけるのも言語化するのも難しいと思う人も多いでしょう。その方法について具体的に解説します。

私が考える際のポイントは次の3つです。

1. **トレンド分析と未来予測**：市場の動向を把握し、将来生まれるであろうニーズを予測する。
2. **ポジショニング戦略**：自分の専門性や市場性を見極め、どの位置で勝負するかを決める。
3. **本人の才能と強み**：自分の独自性を把握し、それを活かしてどのように差別化を図るかを考える。

この3つの要素が重なるところを、私は、自分だけの「**ありそうでなかった絶対領域**」と呼んでいます。この絶対領域を見つけることで、新たなビジネスコンセプトを作り上げたり、フリーランスとして独自のポジションを確立することが可能になります。

難しく聞こえるかもしれませんが、実際には3つの要素を深掘りし、それぞれを言語化することで、思ったよりも簡単に見つけることができます。この3つのポイントの具体的な手法について、それぞれ詳しく説明します。

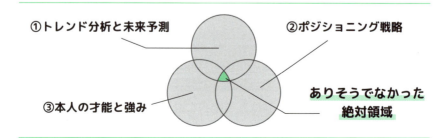

3-4

トレンド分析と未来予測

ある程度未来が見えれば、どのような肩書きで活動すれば仕事が取れるかがわかります。その代表例がAIの活用で、今後10年で、AIを使える人間に仕事が殺到するでしょう。

なぜなら、企業はAIを利用して人件費を削減したいと考えているからです。実際、サイバーエージェントはAIを導入し、人件費を30~40%削減すると発表しました。これにより、多くの人が職を失う可能性がありますが、逆にその分のお金がAIを使いこなせる人材に流れることは簡単にわかることでしょう。

このように、フリーランス（事業主）として成功したいなら、**未来予測は必須と言っても過言ではない**のです。次の時代がどうなるかを常に考え、自分の属する業界で何が流行っているのか、2、3年後にどうなるのかを考えることが重要です。それを元に肩書きや活動のコンセプトを決めていきましょう。

▶ トレンド分析と未来予測の具体的な方法

トレンド分析と未来予測の具体的な方法について解説します。まずは、トレンド分析から。具体的には、次のようなステップで進めてください。

1.業界の選定

皆さんが興味を持っている業界や、これからフリーランスとして活動

第3章 成功の裏法則 コンセプトメイキングの極意

141

したいと考えている業界を選びます。

2.売れているもののリストアップ

その業界で売れている商品、サービス、インフルエンサーを思いつく限り書き出します。たとえば、YouTuber業界であればHIKAKINやDJ社長など。

3.理由の分析

それらの商品やサービス、インフルエンサーがなぜ売れているのか、自分なりに理由を考えて書き出します。このワークを通じて、あなたがフリーランスとして活動する業界で求められているものが見えてきます。

4.ヒットの理由の共通点を見つける

書き出したヒットの要因の共通点を見つけます。フリーランスとして活動する上で一番大事な能力は、具体的な事例から共通点を抽出し、それを抽象化して広い視点で考える抽象化能力です。

この**「具体と抽象」ができるようになると、独自の成功戦略を見つけることができ、だいたいの行為をマネタイズしやすくなりますし、ヒット商品も作りやすくなります。**

共通点を見つけよう

3-5

フリーランスとして生き抜く上で重要な「抽象化」

この抽象化について、多くの人は学校の授業で習わなかったと思いますが、これからの時代、多くのサンプルを扱って共通点を見出し、自分のオリジナリティや強みを探し出す力が非常に重要となります。そこで、「具体と抽象」についてもう少し詳しく解説しましょう。

▶ 抽象化によって自分の個性やオリジナルな部分を見つける

「具体」とは、具体的な例や事実、目に見えるものを指します。これまでの教育でも「具体的に説明してください」「具体的な例を挙げてください」というように使われてきました。たとえば、YouTuber業界で売れている人物として挙げたHIKAKINやDJ社長などは具体です。

一方、「抽象」とは、具体的な事例をまとめ上げ、共通点を見つけ出し、広い視点で考えることを指します。具体を抽象化することで、より汎用的な概念や原則を得ることができます。

たとえば、マグロ、サバ、タイ、アジ、サーモンといった魚の名前を挙げた時、あなたが思い浮かべるものは何でしょう？

ある人は「お寿司」を連想し、別の人は「海」を連想し、また別の人は「魚」を連想するかもしれません。これが具体と抽象の違いです。マグロやサバなどは具体的な例ですが、それを抽象化すると「お寿司」や「海」「魚」などになります。

この具体と抽象の非常に興味深い点は、正解も不正解もないということです。すべての答えは価値観の表れであり、それぞれの答えにその

人の個性や強み、独自の発想力や感性が表れます。

　つまり、**抽象化が上手にできれば、自分の個性やオリジナリティを発揮できるようになり、流行や未来の売れ筋を自分の独自の視点で予測できるようになります。**さらに、フリーランスとして活動する際に重要となる肩書きやコンセプトに、オリジナリティを持たせることも可能となるのです。

　抽象力能力を高めるための具体的な練習方法としては、次のようなものがあります。

- **多くの本を読む**：特に異なるジャンルや分野の本を読むことで、さまざまな視点や考え方を吸収することができます。
- **事例分析**：成功事例や失敗事例を分析し、それぞれの共通点や違いを見つけ出す練習をする。
- **ディスカッション**：他の人と意見交換を行い、異なる視点や考え方を知ることで、自分の考えを抽象化する力を養う。
- **メタ認知トレーニング**：自分の思考プロセスを客観的に見つめ直し、どのように抽象化しているかを意識する。

　このような抽象化の練習を意識的に行うことで、次のような効果が期待できます。

- **独自のアイデアを生み出す力**：抽象化により、他の人が見落とすような共通点やパターンを見つけ出し、独自のアイデアを生み出すことができます。
- **未来予測能力**：過去の事例やデータを抽象化して分析することで、未来のトレンドや売れ筋を予測する力が養われます。
- **オリジナリティの強化**：自分独自の視点や発想を持つことで、他の人とは違ったオリジナリティのあるコンセプトや肩書きを作り出すことができます。
- **幅広い視点の獲得**：多くのサンプルや事例を扱うことで、広い視点で物事を捉えることができ、より多角的なアプローチが可能になります。

▶ 抽象化能力はフリーランスの大きな武器になる

　このように、抽象化能力を高めることができれば、さまざまな力が身につき、フリーランスとしての活動の幅が広がるでしょう。また、どんな状況でも応用が効きやすくなることで、収入アップも期待できます。

　抽象化はすべてのジャンルや業界で応用可能な思考法です。仕事は需要と供給の関係で成り立っています。需要があるところには必ず供給があります。この抽象化は、どこに需要があるかを見極めるために有効な手段の一つなので、ぜひ、この考え方を日常の中で意識してみてください。

　この具体と抽象が皆さんの思考力を高め、フリーランスとしての成功につながる大きな武器になるはずです。

3-6

ポジショニング戦略

　2つ目のポジショニング戦略について解説します。

　フリーランスの場合、基本的に個人で仕事をすることになります。個人で大企業やトッププレイヤーに勝つのは、経済学の観点からも難しいとされています。そんな厳しい状況の中でもフリーランスが勝ち抜く方法はあります。それが、ポジショニング戦略です。

　ポジショニング戦略とは「ライバルがいないところ」と「他者があなたに仕事を依頼する理由」を掛け合わせることです。

　この2つの共通点を導き出し、掛け算の交わったところを考えてみてください。そして、それを組み合わせて新たなオリジナルの肩書きを検討してみてください。

　まずは「ライバルがいないところ」と「他者があなたにお金を払ってくれる理由」について具体的に言語化してみましょう。

▶「弱者の特化型戦略」

　ポジショニング戦略は、わかりやすく言えば「弱者の特化型戦略」です。

　たとえば、あなたが出版社を設立する場合について考えてみましょう。無名のあなたが設立したところで、ほとんどの人は「どんな本を扱うのか？」「どんな会社なのか？」といった疑問を持つだけ。強者である集英社や講談社と同じことをしても、注目されることも本が売れることもありません。

146

ですので、強者に対抗するには、強者ができないことややらないことを、あなたならではの視点で考える必要があります。

たとえば、現在は無名ですが将来有名になる可能性がある人の本を、名刺代わりに配れるような販促ツールとして格安または従量課金でリスク低く作るというアイデアを出すとします。このようなサービスを提供すると、今まで本を出したくても出せなかった人から「この出版社に仕事を頼んでみようかな」と思われる可能性が生まれます。このスキマにチャンスがあります。

大手出版社は、売れる可能性の高いものを優先するため、売れるかどうかわからない、個人にカスタムした小規模な出版物は扱おうとしないからです。

このように、**強者が手を出さない、ニッチな市場や特定のニーズを見つけ、独自の価値を提供することで、個人でも競争に勝つことができます。**

この発想を持つことで、あなたのビジネスはその他大勢と差別化され、成功する可能性が高まります。これが「弱者の特化型戦略」なのです。

▶ 意識すべき3つのポイント

ポジショニング戦略を考える際に、次の3つのポイントを意識してください。

①**ライバルがいないところを見つける**——どんな職種を選ぶとしても、ライバルがいないニッチな市場や分野を見つけることが重要です。どの分野なら競争が少なく、自分の強みを発揮できるのかを考えてみましょう。

②**強者・トッププレイヤーが手を付けていないことを見つける**——大企

業やトッププレイヤーが手を出していないニッチな市場や特定のニーズに応えることで、独自のポジションを確立することができます。

③**あなただから依頼してくれる理由を明確にする**——あなたのサービスや商品を選んでもらえる理由を明確にしましょう。これは、他の誰でもなくあなたにお金を払う理由です。独自のスキルや経験、提供できる付加価値を考え、それを言語化して伝えることが大切です。

これらのポイントを意識、言語化して肩書きを作り、プロフィールや紹介文に取り入れることで、自分の強みや独自性を明確に伝えることができます。

このように**ポジショニング戦略で独自のポジションを確立すること**で、より多くの人に自分のサービスや商品を選んでもらえるようになり、フリーランスとしての活動の幅を広げることができるでしょう。

レッドオーシャンで無理に勝負する必要はありません。大手企業の資金力に対抗するのは難しいため、自分のスキルを活かし、市場のニーズと照らし合わせながら、賢くポジショニングを行いましょう！

3-7

才能と強みを
一瞬で引き出す方法

3つ目の「才能と強み」について解説します。あなたの才能と強みを一瞬で引き出すための質問を4つ用意しました。ぜひ考えてみてください。

質問1：自然にできることと得意なことは何ですか？

たとえば、私の場合は「喋ること」が自然にできることだと気づきました。以来、喋る機会を多く作ることで成功しました。あなたも、自然にできることや得意なことを見つけることで、自分の強みを発揮できるようになります。

質問2：他人に「なぜこんなこともできないの？」とイライラしたことは何ですか？

自分は簡単にできるのに、他人が苦労していることは、あなたの強みである可能性が高いです。そのイライラの裏返しが、あなたが人よりも得意なことです。イライラしたことは、自分の才能の鍵となるので、言語化してみましょう。

質問3：ずっとやっていても苦にならないことは何ですか？

時間を忘れて没頭してしまうことを書いてみてください。たとえば、ゲームをずっとプレイしていても苦にならないとか、映画なら永遠に観ていられるとかでもいいでしょう。正解・不正解はないので、自分が時間を忘れてやってしまうことを、楽な気持ちで思いつく限り書いてみ

第3章 成功の裏法則 コンセプトメイキングの極意

149

てください。この質問に答えることで、あなたの中にある情熱や興味、強みや才能を見つけることができます。

質問4：周りから「それ、お金をもらった方がいいよ」と言われたことは何ですか？

　たとえば、料理が得意で「すごくおいしいから、飲食店を始めたら？」と言われたことがあるとか、デザインが上手で「そのデザイン、売れるよ」と言われたことなどです。この質問に答えることで、他人に売れるほどの才能やスキルを見つけることができます。

　これらの**4つの質問を通じて、あなたの才能や強み、独自性を具体的に言語化できます。**

　これらの質問は、パズルのピースのようなものです。先ほどのトレンド分析のくだりで共通点を見つけたのと同じように、これらのピースを使ってうまく共通点を探して、あなたがフリーランスとして活動する上で適切な肩書きを作る際の参考にしてください。

　たとえば「○○デザイナー」という肩書きを考えてみましょう。○○には、自分の強みや得意分野が入ります。

　たとえば、クライアントの感情を読み取ってデザインすることが得意な人は「感情設計デザイナー」と名付けてみてはいかがでしょう。この肩書きを使えば、交流会などで出会った人から「感情設計デザインとは何ですか？」と質問されることが増え、そこから仕事の相談や問い合わせが増える可能性があります。

　ですのでぜひ、**今後もこの才能と強み、独自性の言語化をさらに深化させてください。**それが、皆さんのフリーランスとしての活動をより充実させる一助となるでしょう。

第4章

プロフィールと屋号が売上を生む

4-1

プロフィールを作ってみよう

　これまで解説した3つのコンセプトメイキングのコツは、あなたのプロフィール作成にも役立ちます。

　そこで、多くの人から興味を持たれるプロフィールの書き方について、私のビジネスパートナーである売れっ子編集者の著者のプロフィールの作り方を元に、具体的に解説します。

▶ フリーランスとして成功するためにプロフィールは超重要

　まずはプロフィールの重要なポイントについてお伝えします。 プロフィールは掲載する媒体やシーンによって使い分けることが望ましく、場合によっては長いプロフィールを用意することが重要です。

　たとえば、ベストセラーを狙う際には、著者プロフィールが長い方が成功する確率が高いと言えます。 なぜなら、ベストセラーを出す確率が最も高いのは新人作家で、初めて本を書く際には死力を尽くすからです。 ただ、新人作家は当然まだ誰にも知られていない無名の存在であるため、プロフィールは長くてしっかりしたものの方がよいのです。

　ですので、あなたもまずは**ロングバージョンのプロフィールを作成**しましょう。 その際、先ほどレクチャーした具体と抽象のスキルを活用してください。 まずはベストセラー本の著者や、自分が好きな有名人のプロフィールをなるべく多く読んで研究することが重要です。

　いきなりロングバージョンのプロフィールを作成するのが難しい場合は、次の5つのパートに分けて、当てはまる内容を考えると作りやすく

なるでしょう。

1. 肩書きや役割
2. これまでのストーリー
3. 共通のゴールや社会的貢献
4. 今後のビジョン
5. 趣味

　このようにして作成したロングバージョンのプロフィールは、自分のWebサイトに掲載しましょう。

　一方で、**InstagramやXなどのSNSのアカウントは文字数が限られているため、短いバージョンのプロフィール**を作りましょう。

　名刺の裏に箇条書きで記載することも有効です。この場合もロングバージョンのプロフィールから、要点を箇条書きで抜き出して作るとよいでしょう。

　また、フリーランスとして活動する中で、他者からコラボの誘いや、代理店から、あなたをプロジェクトで起用するライターやデザイナーとしてクライアントに提案するため、プロフィールを求められることもあります。

　そんな時、ロングバージョンのプロフィールは嫌がられることもあるため、場面に応じて必要な部分を抜き出して使えるようにしておく必要があります。

　そのため、**まずはロングバージョンのプロフィールを一度作成し、それを元に場面ごとにショートバージョンを作成し、使い分けることを意識してください。**

4-2 誰でも最強のプロフィール が作れる7つのポイント

　プロフィールを作成する際に重要なポイントが5つあります。この本の編集者の五十嵐さんが作ってくれた大坪のプロフィールを例に使いながら、ひとつずつ具体的に理解していきましょう。

　一度完成品を読んでから理論について学ぶと理解しやすいので一読してから進めていきましょう。

　1986年、東京都生まれ。15歳で飲食店でのアルバイトを始め、武蔵野美術大学建築設計学科を中退後、スーパーゼネコンの現場監督として従事。"徹夜ゲーム"で身につけた体力と精神力を武器に月450時間にも及ぶハードワークをこなし、圧倒的な成果を上げるも、上司のような人生を歩む未来を想像できず退職。その後、独学でデザイン全般を習得し、起業。

　「自分が100点を取るより、勉強が苦手な同級生に100点を取らせるほうが面白い」と幼少期から培ってきた"クライアントファースト"の視点が顧客の心をつかみ、起業からわずか半年で月収150万円を達成。また、IT、セールス、プロジェクトマネジメント、Webデザイン、マーケティング、コピーライティングなど、約30業種にわたる経験を活かし、フリーランスながら最高月商2,000万円超を記録。その後、株式会社日本デザインを設立。これまでに1,000名以上の起業家やフリーランスを育成。

　「日本の教育を変える」ことを目指し、単なる知識ではなく、実社会で即戦力となるスキルを提供する教育を広めている。また、デザ

インを通じて日本の国力と幸福度を高めることをライフワークとしている。

著書に『見るだけでデザインセンスが身につく本』（SBクリエイティブ）があり、TBS、テレビ東京、TOKYO MXなど多数のメディアに出演。座右の銘は「人は人隣に人と成り」。

▶ 1. 強烈なエピソード

強烈なエピソードは、読者の心をつかむのに非常に効果的です。あなたの人生で唯一無二の経験や特徴的な体験を思い出して、盛り込みましょう。たとえば、大坪のプロフィールでは、「15歳から飲食バイト」「大学中退から現場監督」「月450時間のハードワーク」「スーパーゼネコンを退職」「デザインを独学で習得」などのエピソードが使われています。このような特徴的なエピソードは、あなたの個性を強く印象付けてくれます。

破産や生死を彷徨ったエピソードなどあれば凄いですが、それがなければ、あなたの過去で印象的なものや人に話すと聞き返されたり、盛り上がるなどのレベルのエピソードでも構いません。

▶ 2. 権威付け

権威付けは、あなたの専門性や強みの裏付けとなり、説得力や影響力が増します。プロフィールを読んだ人が「この人すごそうだな」と思うような要素を盛り込んでください。

最も分かりやすい権威性は数字です。あなたがこれまでの経験の中で、仕事に繋がりそうな実績を出しましょう。大坪のプロフィールには、「月450時間にも及ぶハードワークをこなす」「起業半年でゼロから月収150万円を稼ぐ」「30業種にわたる経験」「フリーランスながら最高

月商2,000万円超を記録」「1,000名以上の起業家やフリーランスを育成」といったような数字が入っています。

これらを見て「そんなスゴいと思う数字なんてないよ…」「これから始める人はどうしたらいいんですか…？」そう思った人もいると思いますが、安心してください。**まだ実績のない分野でも権威付けは可能**です。

たとえば、「独学でデザインを習得」「同級生に100点を取らせる」というのは一見、ビジネス的には大した話ではないので間引いてもいいように感じますが、「日本の教育を変える」というこれから作りたい実績に対して、それを叶えることが相応しいと思わせるものも小さな権威付けになります。

プロフィールライティングでは、**普通の体験をいかにすごそうに書くかが重要**です。とはいえ、自分の経験、実績を盛って書くことに抵抗を感じる人も多いはず。だからこそ、「こんなに盛って大丈夫かな」「恥ずかしい」と感じるくらいがちょうどいいと思ってください。

▶ 3. 好意

クライアントもあなたと同じ、感情を持つ人間です。同じ仕事を依頼するなら好きな相手に発注したいと思うのは当たり前のことです。人が他人に好意を抱く理由を、心理学的・脳科学的に思いつく範囲で上位9つを考えてみました。

① 自分と似ている
② 賞賛や承認をくれる
③ 同じゴールを共有している
④ 弱さを見せてくれる
⑤ 見た目がいい

⑥ 接触頻度が高い

⑦ 好きな人と仲良し

⑧ 自分を好き

⑨ 自分に役立つ

　これらの要素を、プロフィールに盛り込んでください。大坪のプロフィールの中でいえば、「15歳からアルバイト」「大学を中退」「ハードワーク」「上司に未来を感じない」の部分です。

　多くの人が社会で感じる苦労や大変さ、つらかった経験を盛り込むことで、「この人も自分と同じように苦労をしてきたんだな、大変な思いをしてきたんだな」と共感し、**親近感を感じやすくなります。**

　自分で書くのも解説するのもなんとも言えないノウハウですが、必ずあなたの役に立つので手の内のひとつとしてさらしておきます。

▶ 4. 大義名分

　大義名分は、共通のゴールとも言い換えられます。たとえば、「日本の教育を変える」「日本の国力と幸福度を高める」という大坪のライフワークの部分は、「教育が悪い」「国の魅力が下がっている」「日本は幸せじゃない」など、多くの人が漠然と感じている課題と、「それに巻き込まれたくない」「それを変えたい」という願望と一致します。それを自分よりも前で大きく掲げる人に対して尊敬の念が生まれたり、**「私もそう思う」という仲間意識や応援意欲をつくることができます。**

　また、大義名分には、教育を変えようという人が書いてる本なんだからスゴいノウハウに違いない、日本の国力と幸福度を上げようという人が書いている本なんだから私をダマすはずはない、などの**信用や期待を引き出す効果もあります。**

▶ 5. 社会的証明

　人は何かを選択するとき、「失敗したくない」「間違いたくない」「正しい側でいたい」という欲求を持っています。しかし、自分だけではそれを叶えられないと感じると、他人の意見や行動に依存して意思決定をすることがあります。プロフィールに「多くの人に支持されている」「業界で認められている」「みんなが選んでいる」という情報を盛り込むことで、「じゃあ安心だ」と思わせることができます。

　例えば、大坪のプロフィールでは「著書の出版実績」や「 TBS、テレビ東京、TOKYO MX など多数のメディアに出演」が該当します。これらは、見る人に「自分も注目したい」と思わせる心理効果を生みます。さらに、「最高月商2,000万円超」「1,000名以上の起業家やフリーランスを育成」といった実績も、多くの人に選ばれているという社会的証明として機能します。こうした情報が積み重なると、仕事が仕事を呼ぶ状態をつくれます。

▶ 6. マイクロテスト

　良いプロフィールをつくる一番の目的は、受注率を上げたり、期待値を調整したり、結果をコントロールするためのものです。そのためには、プロフィールに入れる要素を、結果を見ながら入れ替える取捨選択の作業が必要になります。

　例えば、大坪のプロフィールには以下のような要素があります。

・初の WEB プロモーションで売上１億円超え

・単価100万円の LP を４時間で制作

・主催セミナー参加費250万円15名が２日で完売

・日本初の完全オンライン WEB デザインスクール設立

- 顧客に世界一や日本一の実績多数
- Zoomの開設アカウント数6,000以上

　これらはサンプルとして挙げたもので、すべてを伝える必要はありません。伝えるべきは、得たい結果をもたらす要素です。弱すぎると刺さらず、強すぎると相手を萎縮させるため、バランスが重要です。

　受注を目指しつつも、見込み客への自己紹介での反応をテストしながら要素を入れ替えていくことで、より早くより効果的なプロフィールが作れます。

▶ **7. 未来的アップデート**

　最後に、最もフィジカルでプリミティブかつシンプルなノウハウをお伝えします。これまでの6つは、今ある要素を基に結果を導く方法でしたが、ここでは「得たい未来から考える」逆算的ノウハウをご紹介します。

　あなたが目指す未来や理想の人生、そのために必要な経験やキャリア、実績を先に考えるという方法です。実績や数字がなければ、これから作ればいいのです。未来を見据えた考え方で、魅力的なプロフィールを作り、実績を積み上げていきましょう。

　私自身も、著名人や格上の方のセミナーをプロデュースするために、まずは手が届くレベルのセミナーで件数や売上の実績を積みました。その結果、より高いレベルの仕事を頂き、世界一のコンサルタントや心理学者など、多くのトッププロフェッショナルから仕事を任されるようになりました。

　今に未来がないなら、今に落ち込むのではなく、未来を作り上げることを考えましょう。現在に縛られず、あり得る未来から逆算するのが「未来的アップデート」です。**プロフィールは人生そのもの**です。もっとクリエイティブに、楽しく作り上げていきましょう。

第4章　プロフィールと屋号が売上を生む

4-3 無意識に共感を生む効果あり 趣味を書くことも重要

　プロフィールに「趣味」を盛り込むことも意外と効果的です。趣味を書くことで、**無意識に共感する気持ちと好意の両方を得ることができる**からです。

　たとえば、「温泉」「サウナ」「アート」と複数の趣味を記載することで、どれか1つでも読んだ人の趣味として当てはまれば、**話すきっかけが生まれます。**実際、初対面の人とサウナの話で盛り上がったこともあります。

　このように、趣味は、それまでまったく接点のなかった初対面の人と仲良くなるツールでもあります。SNS上では、趣味が同じだとDMしやすくなりますし、クライアントも同じ趣味を持つ人になんとなく仕事を頼みたくなるものです。

　この**「なんとなく」という感覚が重要**で、無意識的に好意を抱くことで、「なんとなく頼みたい」という行動につながるのです。

　よって、この「なんとなく」をいかに言語化するかが、プロフィールライティングにおいて非常に重要な要素です。あなたもぜひ取り入れてみてください。

> クライアントも同じ「人間」です。
> プロフィールに共通点が見つかるだけで、
> 一気に距離が縮まることがあります。
> 人としてのつながりを意識してみましょう！

4-4

掲載先によってプロフィールを最適化する

補足として、私が自分のプロフィールを作る際に重視していることをお伝えします。

私はプロフィールを読んだ人が私に対して何を連想するかを重視しています。

たとえば、過去に本を書いたり取材などを受けていますが、その媒体ごとにプロフィールを変えたり、交流会も参加するたびに毎回プロフィールを変えています。それは媒体によって読者層が違いますし、交流会によって参加者層が違うからです。

交流会の場合は、事前に情報をチェックして、参加する人はだいたいこういう人たちだなと予想して、私とだけは話をしなければと思わせるように作っています。

だからどの交流会に行っても入れ食い状態になります。このようなプロフィールが理想の最終形態なので、これを目指してください。

プロフィールは一度書いたら終わりだと思っている人がほとんどだと思いますが、そうではなく、**その場に応じて最適化することが重要**なのです。

▶ 具体的なプロフィール作成例

たとえば、プロフィールの中に「2児の母」と書かれてあるデザイナーは、子供向けの商材を扱う企業の人が興味を持ちやすくなります。

実際のところ、子供向けのデザインができるかどうかに、子供の有無

は関係ありませんが、クライアントは子供がいるデザイナーの方がいいデザインをしてくれそうだと勝手にイメージしてくれるので、利用しない手はありません。

同様に、「島根県出身」と出身地を書くと、同郷や近隣の県出身のクライアントには親近感を持ってもらえるでしょう。

しかし出身地は読む人と同じでなければ意味がないので、デザイナーなら「美大に通っていました」とか「小学校のころに絵画コンクールで金賞を受賞しました」などの経験・実績を書いた方が、デザインのセンスやポテンシャルがあると思わせることができるのでお勧めです。

プロフィールを読んだ人が自分に対して興味を持ち、話を聞きたいと思わせることが重要なので、相手の立場に立って、どの情報が有用かを判断し、プロフィールを作り込むことが大切です。

私はより精度を上げるために、自分のプロフィールが書けたらプリントして、赤ペンで不要な箇所に線を引いて削り、残った部分だけで作成していました。

こうして作ったプロフィールを使うと、どの交流会でも効果的に人とつながることができましたし、受注率も上がったので試してみる価値はあるでしょう。

▶ まとめ

これまで解説してきた通り、これから独立してフリーランスとして活動する場合でも、会社員を続けながら副業としてフリーランス活動を行う場合でも、プロフィールは非常に重要です。

自分自身で営業しなければならないフリーランスは、自分自身に魅力を感じてもらわなければ仕事を取ることは難しいからです。

現在プロフィールを持っている人は、これまで解説してきた5つの重要な要素を満たしているかをチェックし、不足している部分があれば追

プロフィールを徹底的に研究しよう

読んだ人は
何を連想する？

売れている人の
プロフィールはどんなもの？

私は〜〇〇で
△△で□□しました。
××という実績があります。
趣味は☆☆です。

加しましょう。

　これからプロフィールを作成する人は、まず自分がなりたい未来の姿や憧れている人、嫉妬している人、つまり売れている人のプロフィールを徹底的に研究することから始めてください。

　これまで解説してきた具体と抽象の手法を使って、彼らの共通点を見つけ、自分のプロフィールに応用しましょう。

　コンセプトメイキングもプロフィールライティングも、具体と抽象の手法を理解し、具体的な共通点を言語化してパズルのピースを揃え、自画像を描くように進めていくことが重要です。

　この繰り返しによって、多くの人が仕事を頼みたくなるプロフィールを作成することが可能となるのです。

4-5

屋号が第一印象を決定づける

　フリーランスとして活動する上で、最も重要な要素と言っても過言ではないのが屋号です。

　読者の皆さんの中には、屋号をまだ持っていない人や検討中という人もいるでしょうし、実際に屋号無しで活動しているフリーランスはかなり多いです。

　フリーランスとして活動するならば、必ず屋号をつけてください。その最大の目的は、**屋号を名乗った瞬間に相手に自分の職業を理解してもらう**ことです。

　最強の営業手法とは、名乗っただけで相手に「お願いしたい」と思わせる営業です。これが一番手っ取り早くて楽だからです。

　たとえば、合コンに参加した女性が「医師と会いたい」と思っていた場合、参加者の男性が「医師」と名乗った瞬間、ゴール決定となります。

　男性側は自分がどのような仕事をしていて、どれぐらいの年収があって、将来どのような家庭を築きたいと思っているのかといった面倒な自己紹介をする必要がなく、肩書きを名乗っただけで「商談成立」となります。

　ビジネスもこれとまったく同じで、**一生に一度しかない出会いの第一印象がすごく重要**です。たとえば、デザイナーの場合、自己紹介で相手に屋号を伝えた瞬間「この人はデザインの仕事をしている」と理解され、「いいデザインを上げてくれそう」と信頼され、「発注したい」と思ってもらえたら最高でしょう。

　そうなるために必要なことをこれから順を追って解説します。

164

4-6

成約率にもプラス
屋号の重要性とメリット

屋号のメリットは、開業のパートで書いた、仕事用の銀行口座を開設できることだけではありません。

プロフィールを作成する時や名刺に印刷する時にも屋号があるのとないのとでは印象が大きく変わります。

次に、屋号をつけることの主なメリットを紹介します。

▶ 1. テンションが上がる

いい屋号をつけると、自分のテンションが上がります。たとえば、私はオリンピックやスポーツの世界選手権などで、国旗の入ったユニフォームを着用した代表選手の姿を見てあこがれを抱いていました。日本を背負って戦うという感じがとてもかっこよく、将来自分も彼らと同じようなことがしたいと思っていました。

スポーツではないですが、「日本デザイン」という屋号にすることで、日本のために尽力しているという感覚が強まり、毎日テンションが上がります。

この**テンションというものは意外と重要で、今でも経営の神様と崇拝されている稲盛和夫さんや松下幸之助さんも、いろいろ高度なことをしていても、結局最後は情熱や気概、運気の重要性を説いていました。**

私自身もビジネスは実数などの合理的な側面とテンションや気運のような情念的な側面の掛け合わせで結果が変わることを経験しています。

文字や地面だけがかっこいい屋号をつけても、自分自身のテンション

165

が上がる屋号でなければ、クライアントには刺さりません。 自分自身も頑張ろうという気持ちになりません。

たとえば、明石家さんまさんの娘さんの名前「いまる」は一見意味不明です。 しかし、さんまさんの「生きてるだけで丸儲け」という思いが込められているので、いまるさん本人もつらいことや苦しいことがあっても、生きているだけでいいんだと思えて、頑張れると話しています。

ですから、あなたのテンションが上がるなら意味不明でもダジャレでも何でもいいのです。

▶ 2.プロ意識が高まる

会社員や何らかの組織に属している皆さんは、これまで自己紹介する際、「○○（社名）の○○（氏名）です」という形で何となく名乗っていたと思います。 しかし、あなたがその社名に特別な意味や誇りを感じていないなら、その社名は校長先生の「えー」とか「あー」と一緒です。

フリーランスになって屋号をつけると、自分の冠を自分でつけることになります。 これにより自分の活動範囲を自分で決めている感覚が芽生え、当事者意識とプロ意識が高まるのです。

▶ 3.相手の理解度や記憶度が向上し、成約率が上がる

良い屋号をつけることで、多くの人に自分のビジネスを理解してもらいやすく、覚えてもらいやすくなり、その結果、成約率が上がります。これが最も大きなメリットです。

デザイナーなら、デザインの仕事をできるだけ高額で受注したいと考えているはずです。 数万円よりも数十万円の案件を受注したいでしょ

166

う。

　しかし、数十万円の案件ともなると、法人でもなかなか即決されません。このギャップを埋めるために、セールスの基本を理解することが重要です。

　基本的に成果物に対する原価がほぼゼロのデザイナーの場合、その売上は「客数×客単価」で決まります。たとえば、10万円のWebサイト制作を10件受注すれば100万円になります。その客数は接触した母数×成約率で決まります。

　ということは、成約率が悪ければ成約する案件数がとても少なくなり、逆に成約率が高ければ、少ない接触数でも多くの案件を受注できます。

　目標売上に対して、**成約率が1％の人は100人に営業しなければなりませんが、成約率が100％なら1人で済みます。**

　つまり、成約率を上げることが重要なのです。これができれば、時間効率も上がり、心労も軽減され、仕事の幸福度が上がります。

▶ 第一印象の重要性とその影響

　では成約率を上げるためにはどうすればいいのでしょうか。一番重要なのが先ほど話した第一印象です。決断における第一印象は、最初から最後まで変わりません。それは科学的にも証明されています。

　第一印象を覆すのは基本的には不可能なので、第一印象をよくすることに注力した方が効率的です。

　第一印象には、見た目や肩書き、プロフィール、そして屋号も含まれます。たとえば、異業種交流会で名刺交換をした時、相手が「○○の大坪です」と名乗った時、よくわからない社名だと、「この人は何の会社の人なんだろう？」と余計なことを頭の中で考えてしまい、相手の自己紹介の冒頭がまったく頭に入ってこなかったという経験は誰でもある

のではないでしょうか。

　突然、知らない会社の営業マンが飛び込みで会社や自宅に来たとしたら、最初から不信感を抱いて即追い返すでしょう。それと同じ感覚です。

▶ 屋号だけで成約率が変わる

　つまり初対面時の自己紹介の仕方で、一発アウトになるかオッケーになるかがまず決まるのです。会った瞬間、足切りが始まるわけです。

　私自身の経験でも、池袋のある会社で電話営業をしていた時、1日200~300社に電話をかけていたのですが、社名を名乗った瞬間に電話を切られる、いわゆる「ガチャ切り」されることが頻繁にありました。だからその会社の商品を売るのがものすごく難しかったわけです。

　また、この「ガチャ切り」は耳が痛くなりますし、ものすごい精神的苦痛を受けてストレスが溜まったので、精神衛生上も非常によくありませんでした。

　しかし、その後、営業目的が、某大手家電量販店が運営するECモールへの出店に変わったところ、状況が一変しました。「Y電機が運営するYモールです」と名乗ると、すぐに電話を切られることなく、ほとんどの人が話を聞いてくれるようになったのです。

　この時のポイントはただの「Yモール」ではなく、枕言葉として「Y電機が運営する」をつけたことです。これによって、相手の信用度が大幅に高くなり、話を聞いてくれる回数も増え、その結果、成約率が飛躍的に上がりました。違いは屋号を変えただけです。

▶「言霊」で成約率を上げることができる

　このように、成約率を上げるためには、社名やブランドの持つ力を最

屋号の重要性とメリット

☑ **1.テンションが上がる**
情熱、気概、運気を高める

☑ **2.プロ意識が高まる**
自分の冠を自分でつけることで当事者意識が芽生える

☑ **3.相手の理解度が向上し、成約率が上がる**
信用度が高まることで、話を聞いてくれるようになる

大限に活用することが重要なのですが、フリーランスにとっても同じ
で、**屋号だけで成約率が大きく変わる**のです。

　屋号がないとか屋号が冴えない人が、適切な屋号をつけるだけで、同
じ人間、同じ仕事でも所得が３倍は変わります。事実、私はもちろん、
過去の受講生も全員変わりました。

　私は「言霊」を信じています。言葉には、先人たちの数千年分の魂
が込められています。言葉は目に見えないものですが、それが目に見
える現実を変える力があることを私は何度も証明してきたので、あなた
もその力を使わない手はありません。

　屋号にも適切な言葉を使うことで、楽に成約率を上げたり、効率よく
稼ぐことが可能になるのです。

4-7

9割の人が見落とす　屋号が収入に直結するという事実

　私が会社を辞めてフリーランスのデザイナーとして活動していたころ、成約率は同業者の3倍ほどでした。その成功の鍵こそ、屋号のつけ方にあります。当時の屋号は「ジャストデザイン」でした。

　この屋号にした理由は、クライアントに対して「あなたの要望にぴったりのデザインを提供します」という思いを伝えたら成約率が伸びると考えたからです。

　当時のデザイン業界は、デザイナー自身の視点からの提案が主流でしたが、私は大学生のころから、デザインは課題解決の手段であるべきだと考えていました。

▶ クライアントの意図を反映した屋号で成功

　当時、世の中の発注者のデザイナーに対する不満として多かったのが、「こちらの意図を汲んでくれない」とか「こちらの作りたいものと違うデザインを出してくる」というものでした。

　ならばその反対のことをすれば勝てる、つまり「デザイナー発」に対してのカウンターで、クライアントの意図をしっかりと理解し、課題解決に直結する「クライアント発」を提供すれば、多くのクライアントは「まさにそれが欲しかった」と満足すると考えたのです。

　このアプローチが「あなたにぴったりのデザイン」という理念に結びつき、「ジャストデザイン」という屋号となったわけです。

　その結果は私の思惑通り、この屋号を聞いた多くのクライアントは、

170

カスタマーファーストのデザインを提案してくれると直感的に感じ取ってくれて、成約率が飛躍的に上がったのです。

▶ 屋号が売上に及ぼす影響は計り知れない

このように、フリーランスとして生きていく上で、**屋号は収入に直結するものすごく重要な要素であるにもかかわらず、9割以上の人がまったく気づいていません。**これは非常にもったいないことです。もし私がイケてない社名の会社に営業コンサルタントとして入ったら、まず社名を変えることから提案します。

とはいえ社名を変えるのは簡単なことではないので、変えられないなら、少なくとも商品やサービス名を変えるように提言します。「こんな名称では売れないし、営業担当者がかわいそうです」と。それほど名称が売上に及ぼす影響力は大きいのです。

多くの経営者はこのような重要なことがわかっていません。だから安易に自分の名前を社名にしてしまう社長が大勢います。

読者の皆さんの中にも、そのような会社で働いている人がいるかもしれませんが、社名のせいで仕事がしにくいと感じたことはありませんか？　私も、営業しながら社名を変えてほしいと思ったことが数え切れないほどあります。

これほど重要な屋号のつけ方について、これから細かくしっかりとレクチャーします。このパートだけ読んでも、あなたはこの本を買って良かったときっと思うはずです。

4-8

年収が3倍上がる屋号をつけるための11の要素

　ではいよいよ、成約率が格段にアップする魅力的な屋号の作り方について、詳しく指南します。

　屋号は複数の要素を組み合わせて作るのが効果的なので、私が考案した11個の要素を解説します。

▶ 1.地域・エリア・方言

　屋号に地域やエリア、方言を取り入れる方法です。たとえば、特定の地方・地域に根ざして事業活動する場合、「新潟デザインオフィス」「バンクーバーテクノロジー」など、地名を入れると、その**地元の顧客に地元密着型の好印象**を与えられます。

▶ 2.人名

　自分の名前や有名な人物の名前を使う方法です。その有名人の出身地で活動する場合、さらに好感を持たれるかもしれません。たとえば高知でデザイナーとして活動するなら、「龍馬デザイン」などが考えられます。

▶ 3.事業内容・専門性

　事業内容や専門性をそのまま屋号にする方法です。たとえば、「デザ

インスタジオ」「建築意匠設計」などは顧客にとってはひと目で提供しているサービスがわかるので、問い合わせがしやすくなります。また、私の知り合いに日本最大級のオーディオブック（ナレーターや声優が本を朗読した「聴く本」）配信サービスを運営する会社の経営者がいますが、社名は「オトバンク」といいます。そしてサービス名は「オーディオブック」です。何の会社か一発でわかる優れた社名・サービス名です。

▶ 4. 理念・想い

自分の**理念や想いを屋号に反映**させる方法です。先ほどもお話ししたとおり、「ジャストデザイン」はクライアントの要望に的確に応えるという理念から名付けました。たとえば、自分のインスピレーションを元にデザインを提案したいなら「インスピレーションデザイン」、環境保護に貢献したいなら「エコデザイン」なども良いでしょう。

▶ 5. 好きなもの

自分が好きなものを屋号に取り入れる方法です。たとえば、あなたがイチゴが好きなら「ストロベリーデザイン」と名付けるのも一つの手です。同じくイチゴが好きな人が興味を持って連絡してくるかもしれません。

余談になりますが、ヒット商品のネーミングもこれと似ているので少し触れます。皆さん、「ワンダ」というコーヒーをご存知ですか？　発売当初から爆発的に売れたのですが、**多くの人は「ワンダ」という名称で認知していたわけではありません。「朝専用缶コーヒー」というキャッチフレーズが大勢の人に刺さった**のです。

大半のビジネスパーソンは朝に缶コーヒーを飲みたいと思ってい

す。 そこに「朝専用缶コーヒー」というキャッチコピーが飛び込んでくると、味が濃くて目が覚めそうな雰囲気を勝手に感じ取ります。 でも中身はただの缶コーヒー。 カフェインが多めに入っているわけでも、他社より豆や水が優れているわけでもありません。 そして購買意欲をそそる赤を基調としたインパクトのあるデザイン。 それらがすべて備わったことで爆発的にヒットしました。 この考え方は屋号にも応用できます。

▶ **6. 略語**

たとえば、弊社の日本デザインスクールを「デザスク」と略すように、覚えやすく わかりやすい略語は呼びやすく、略すという行為を通じて好感を持たれる ことが多いです。 ただし、一発で意味が伝わらない略語は逆に反感を持たれる危険性があるので避けた方が無難でしょう。

▶ **7. 擬音**

擬音を使うと面白い屋号となります。 たとえば、「ふわふわ」「キラキラ」「ドカン」など、音の響きが楽しい擬音を使うと、興味と好感を持つ人も少なくないでしょう。

▶ **8. イメージ・好きな言葉**

自分の好きな言葉やイメージを屋号に取り入れるのも効果的です。先ほどから何度も例に出している「ジャストデザイン」はこの要素も入れてあります。「ジャスト」はクライアントの要望に「ぴったり」応えるという意味もありますが、無駄が嫌いでぴったりと物事が収まることが好きな私の性格も反映しています。

私のオフィスは物がものすごく多いのですが、ごちゃごちゃ散らかっているのが気持ち悪いので、棚や机の上にぴったり収まるようにきれいに整理整頓しています。また、私は1人で旅行に行く時は、その土地を100％以上経験できるように、1日に分単位の行動計画を立て、すべてをピッタリ収めて遊んだりします。

このように、**自分の性格や価値観を反映させる**と、個性的で理解や共感を呼びやすい屋号になります。

▶ 9. モチーフ

動物や自然などのモチーフを取り入れる方法です。たとえば、登山が好きなら山に関連する言葉を、サーフィンが好きなら海や波に関連する言葉を屋号に取り入れるのです。

たとえば、私が個人事業主だったころ、もう一つ屋号を持っていました。それは「買うデザイン」。デザインする際、デザイナーが「売りたい」よりも、クライアントが「買いたい」と思う気持ちの方が大事というメッセージを込めました。

この屋号のロゴには牛を採用しました。「買う」と「カウ（牛）」をかけたのですが、牛がモチーフとして気に入っていたからそうしました。

▶ 10. 定番

「○○商店」「○○工房」「○○本舗」「○○研究所」など、よくある定番の屋号のつけ方です。「定番」をバカにしてはいけません。この本を読む人に、サザエさん、ドラえもん、○○ライダー、○○ランド、○○パークなど、これらを超える事業を起こした人は、私含めて1人もいないはずです。**定番は多くの人々に安心感を与える**ので、成約率の向上につながります。

▶ 11. 造語とダジャレ

　最後に、造語やダジャレを使うやり方。最も難易度の高い手法です。繰り返しになりますが、最も大切なのは、自己紹介で屋号を名乗った後に、それにまつわるエピソードをいかに上手に話せるかです。

　たとえば、私が「日本デザイン代表の大坪です」と名乗った時、ほとんどの人から「どうしてその社名にしたのですか？」と聞かれたり「日本デザインという社名、すごいですね」とよく言われます。それは皆さんがその屋号に興味を持ったからで、だからこそその後のエピソードトークが可能になるのです。

　個人事業主時代の「ジャストデザイン」も同じで、屋号を伝えた際に、「ジャストデザインってかっこいい屋号ですね。どういう意味なんですか？」と褒められたら、「ありがとうございます」と答え、その後「この屋号にした理由はですね——」と**エピソードトークを自然に展開**することができます。

　この時大事なのは、「ありがとうございます」だけで会話を終わらせないこと。「この屋号にはこういう意味を込めていて——」と続けるのがポイントです。このエピソードトーク自体がセールストークになっているのですが、**相手から話を振られて話すのと、自分から話すのとでは印象がまったく違います。**

　後者では自慢話として受け取られ、ウザがられる危険性がありますが、前者の場合はそれがなく、素直に耳を傾け、「この人はすごい」「ちゃんとしているな」と思ってもらえる可能性が高いでしょう。そうなると当然、「頼むならこの人がいいな」と成約率も高くなるのです。

　家電量販店や洋品店での買い物をイメージするとよりわかりやすいかもしれません。お店で服を見ている時に、店員が寄ってきて「この素材はすごく良くて、○○産で1頭から1％しか取れない希少な毛が○％入っているんですよ」などとクドクド説明されると、ウザいと思います

よね。

でも、自分から興味を持って「この服の素材いいですね」と店員に声をかけた場合、まったく同じ内容の回答でも「そうなんだ。 すごいな。 それなら買おう」と思いますよね。 それとまったく同じなのです。

屋号はこれまで紹介した11のフレームに当てはめ、伝えた後、ストーリー展開ができるものにしましょう。

▶ 確実に屋号を伝えるための小技

プラスアルファとして覚えておくとよい小ネタも紹介しましょう。 あなたも、誰かから突然話しかけられた時、冒頭の2、3文字を聞き逃すことがよくあると思います。

たとえば、いきなり「日本デザイン株式会社」と言われると、「日本」が聞き取れない可能性があります。 しかし、「株式会社」を先に持ってくると、「株式」を聞き逃しても、会社だと理解でき、その後に社名が来ると予測できます。

こうすることで肝心の「日本デザイン」が確実に聞き取れるため、社名を「日本デザイン株式会社」ではなく、「株式会社日本デザイン」にしています。

私は当時、屋号1つを決めるのに100個以上、法人名を決めるのに300個以上のアイデアを出し、営業架電の受付突破率や商談や交流会でのイニシャルトークまでシミュレーションした上で、社名を決めました。 まずは1つでも出すことが大切なので、いきなりここまで考え抜かなくてもいいですが、参考程度に頭の隅にでも置いておくといいでしょう。

4-9

屋号の良し悪しを判断する 6つのチェックポイント

あなたがこれまで説明してきた11の要素に当てはめて屋号を考案しても、それで終わりではありません。その後、その屋号の良し悪しを判断する必要があります。そのためのチェックポイントを次に6つ挙げます。

▶ 1. 聞きやすいかどうか

まず1つ目は聞き取りやすさです。屋号を伝えて、**相手が「ん？」となったらアウト**です。

これはあるあるだと思いますが、あなたにも相手が何か名乗ったけれど聞き取れなかったという経験があると思います。聞き取れなかった（＝効果ゼロ）にもかかわらず、「今何とおっしゃいましたか？」と聞き返すのも失礼なのでなかなか聞き返せません。

繰り返しになりますが、特にビジネスの場では、第一印象が大切なので、誰でも1回聞けばわかる、聞きやすい屋号にすることが重要です。

▶ 2. 読みやすいかどうか

もっとひどいのが謎の記号や読めない文字が入っているケース。何と読めばいいのか考えるだけで困惑したりイライラするので、マイナスでしかありません。そのような屋号にしているだけでも、他者への配慮の無い人だなと思われてしまい、チャンスを逃してしまうでしょう。

たとえば、私が学生時代に好きだったバンド「L'Arc-en-Ciel」のような屋号は一発アウトです。初見で正確に読める人はまずいないはずです。

バンドなら世界観も大事なのでそれでもいいですが、ビジネスでは世界観よりも成約率の方がはるかに重要です。

特に、名刺やWebサイトに掲載する場合、容易に読めることが重要です。漢字やカタカナ、アルファベットの組み合わせが複雑すぎると、名刺や販促ツールの見た目の印象も悪くなります。

▶ 3. わかりやすいかどうか

どんなサービスを提供しているのかわからない、意味不明な屋号は避けましょう。説明なしで何の事業かすぐわかる屋号が理想です。

たとえば私が経営している「日本デザイン」という社名は、「日本」という言葉で事業範囲が広く、「デザイン」でデザインを手掛けていることが一目瞭然です。

余談ですが、交流会などで知人が私を他の参加者に紹介してくれた際、「日本デザインの大坪です」と挨拶すると、相手から「どのような事業を手掛けているのですか？」とよく聞かれます。そんな時、私が答える前に、紹介してくれた知人が「名刺にはデザインと書いてありますが、大坪さんが手掛けているのは単なるデザインではなく、日本をデザインすることなんですよ」と恐縮ながら説明してくれています。

私としては自分で説明しなくてもいいのでとても楽で助かっていますが、さらにありがたいのは自分以外の方が説明してくれることです。

▶ 4. 覚えやすいかどうか

聴力や記憶力に優れた人は、ありがたいことに難解な屋号でも覚えて

くれます。

　しかし、90％以上の人はそうではありません。そもそもほとんどの人は他人の屋号に興味が無いため、**覚えにくい屋号では、そもそもクライアントが発注しようとする時に、記憶リストの候補にすら上がらないので、成約率が大幅に減少**します。

　ですので、誰でも1回聞けば忘れない屋号であることが理想です。

▶ 5.調べやすいかどうか

　多くの人は、商品やサービスを購入しようとした時、名称の音は覚えているけれど、正確な表記が思い出せなくて「rだっけ？　lだっけ？」「ブなの？　ヴなの？」などでイライラしたことがあるでしょう。

　当然、ネットで調べようとしますが、何回か検索して出てこなければ、あきらめてしまいますよね。あなたの屋号が調べてもらえたのに見つからないとしたら大きな損失だと思いませんか？

　ですので、**正確な名称がすぐに思い出せなかったとしても、調べればすぐ見つかる屋号にすることが重要**です。

　調べやすいという意味では、たとえば「気」を「氣」と表記するなど、旧字や難しい漢字の使用は避けた方が無難です。SEOで検索上位に出てくるためにも、シンプルな文字を使うことをお勧めします。

▶ 6.伝えやすいかどうか

　プラスアルファであればいいのが伝えやすさです。私は自己紹介をする際、必ず「日本デザインの大坪拓摩です」と言うようにしています。これにより皆さんに「日本デザイン」と「大坪拓摩」をセットで覚えていただいているので、誰かが私を紹介してくれる時に、「こちら、日本デザインの大坪さんです」と紹介してくれます。

余談ですが、「大坪拓摩」という名前を画数で検索すると、いくつか凶の結果が出ますが、「日本デザインの大坪拓摩」で検索すると、ほぼすべて吉となります。

あなたは言霊や運気というものを信じているでしょうか？　私は言葉が持つ力によって現実を変えたり、影響を与えるところを何度も見てきているので、実際にあると考えています。

事実、「日本デザインの大坪拓摩」と名乗るようになってから、覚えられ方や周りの人が私を紹介してくれる時の感覚もより良く変わったという実感があります。

科学的な根拠の「あるorない」「信じるor信じない」に関係なく、結果が変わるなら使えるものは使うというのが私の主義です。目に見えない神様などを信じるかどうかは信仰や思想の話なので、ビジネスの世界では、**結果がどれだけ変わるかという事実を信じる方が賢い**と思います。

▶ エピソードは最強のセールストーク

私の成約率が高かった理由として、もう一つ重要な要素があります。屋号に込めた思いを商談でそのまま喋っていたのです。

自己紹介でこのようなエピソードトークができると、相手が感銘を受け、「この人に仕事を頼みたい」と思う確率が上がります。

あなたも**屋号をつけたら、由来でも思いでも何でもいいので、それを切り口としてクライアントがあなたに仕事を頼みたいと思えるようなストーリーを考えて、話せるようになってください。**

それが成約率をアップさせるための最強の武器となります。

4-10

11の要素と6つの チェックポイントで収入アップ

　これまで説明してきた11のフレームワークを元に作った屋号が、この6つのチェックポイントをすべてクリアすると、成約率が間違いなく飛躍的に向上します。

　これは日本語でも英語でも同じです。どちらも誰もが知っていて、漢字でも英語のスペルでも、誰でも書ける簡単な言葉・単語を使うことをお勧めします。古坂大魔王さんの「Pen-Pineapple-Apple-Pen」が世界的に流行したのも、世界中の誰もが1回で覚えられるものだったのと同じです。

　繰り返しになりますが、ほとんどすべてのフリーランスは屋号の重要性を理解していないので、よくわからない屋号をつけがちです。私の経験からすると、そのせいでとてつもなく売上で損をしてます。なぜなら、それができているフリーランスにお客を簡単に獲られてしまうからです。

　でもあなたは今、**屋号の重要性と11の要素と6つのチェックポイントを知ったので、それを知らない人たちと比べて高い勝率を得ることができるでしょう。**

▶ 確信と思い入れのある屋号をつけよう

　私は「屋号で損しているなあ」と感じたクライアントに対して、この本で書いているような屋号の重要性をいちいち説明しません。なぜなら、相手は社名や屋号の由来に愛着を持っているため、どれだけ変える

屋号は限界まで考えよう

べきだと説明しても聞き入れられない可能性が高いからです。だから私は、屋号については議論をしません。

　でもあなたは、フリーランスなので自分だけの意思でいつでも簡単に屋号を変えることができます。独りよがりの思いにこだわり抜いた屋号で収入が減るのと、売れることを狙って作った屋号で収入が増えるのとでは、どちらが良いでしょうか？

　前者も個人の趣味なので自由ですが、ビジネスとして考えると、後者の方が成約率が上がり、時給も上がるので、より楽に稼げるのです。

　これまで解説した11の要素と6つのチェックポイントを元に屋号を考えてみてください。

　私はフリーランスになって初めて屋号をつけるときに、候補を100個以上は考えました。その中から最終的に選んだのが「ジャストデザイン」で、その屋号のお陰で経験ゼロの業界で起業したにもかかわらず、半年で月150万円を超えることができました。

　必要なタスクに対して、得られるリターンを考えると、ノーリスクハイリターンですので、あなたも限界まで候補を考えてみてください。

屋号は意外と売上に大きな影響を与えます。一度決めた屋号を何度も変更すると、クライアントとの信頼関係を損なう恐れがあるため、最初にじっくり考え、慎重に決定することが重要です。

第 5 章

「自分」という価値をいかに高めるか

5-1

課題解決と目標達成
成約のパターンは2つだけ

　フリーランスにとって営業は非常に重要です。言うまでもなく、営業のスキルがなければ仕事を得ることができず、収入も得られないからです。

　あなたは営業の経験はありますか？　なくても、お客さんとコミュニケーションを取ったことはあると思います。その前提で、これから営業の基本について解説します。

▶ 営業のパターンは2つしかない

　あなたの商売がどんなものであれ、**お客さんが物やサービスを買いたくなる理由は、「課題を解決したい」か「目標を達成したい」かの2つ**です。ゆえに、営業のパターンも課題解決と目標達成の2つです。

　しかし世の中のほとんどの営業担当者は課題解決の方しか知らないようで、本来得られる可能性の半分以下しか見えていません。

　たとえば多いのが、「御社の課題は何ですか？」としか聞いてこない営業担当者。私なら「当社に課題なんて何もないので回答ができません」と言いたくなります。

　しかし、私自身も営業が下手だった時代があるので、そんな営業担当者には「課題はないけれど、こういう目標を達成したいと思っていますよ」と受講生に教えるように教えてあげることにしています。親切に教えてあげています。しかも無料で。もちろん、その営業担当者に発注することはないのですが。

ですので、たとえばデザイナーなら、あなたが売るべきはデザインそのものではなく、デザインがどんな目標達成や課題解決に結びついているかという話です。これはライターでもエンジニアでもカウンセラーでも、すべてのビジネスに共通する原理原則と言えます。

▶ 数字を上げることでしか報酬はもらえない

余談ですが、弊社で日本デザインスクール代表をしている久保なつ美は、ビジネスの結果やメンタルが好調の時でもカウンセリングに通っています。

カウンセリングは一般的に、精神的につらくなってしまった人が悩みを相談しにいくイメージがありますよね。なので久保に「どうしてカウンセリングに通うのか？」と聞くと、「私の場合は後ろ向きなカウンセリングではなく、業績を伸ばしたり、会社を大きくするための、攻めのカウンセリングなんです」と答えたんです。

これを聞いて久保はすごいと思ったのと同時に、確かにそれも正しい考えだなと思いました。

カウンセリングはネガティブな課題解決のために受けるというのが一般常識ですが、目標達成というポジティブな目的のためにも使えるサポートのひとつです。

カウンセリングに限らず、どんなサービスでも、目標達成や課題解決のどちらにも使えるはずです。クライアントの状態がマイナスならゼロに近づけ、プラスマイナスゼロ以上ならさらにプラスにすることができます。クライアントは「横ばい」や「下降」にお金を払うことはありません。むしろ相手に損をさせれば、訴訟されてこちらがお金を払わなければならなくなるリスクさえあります。

これがビジネスの原則なので、肝に銘じておいてください。

5-2

自分が提供できるサービスと価値を理解する

　営業の基本が理解できた後にまずやるべきは、あなたのサービスがクライアントの2つのニーズをどのように満たせるかを考え、話せるようになることです。

　ここまでで、プロフィールや屋号について考えましたが、それを「私はこういうサービスを提供しています。このサービスはあなたにとってこのようなメリットがあります」とクライアントにしっかり伝えることが重要です。

▶ 提供サービスの内容を具体的に書き出してみる

　そのためにまずはあなたの提供できるサービス内容を書き出しましょう。次に、そのサービスがクライアントの課題解決や目標達成にどう役立つかを、2列に分けて書けるだけ書き出してください。

　注意してもらいたいのが、この「提供できるサービス」の欄に、単に「デザイン」「ライティング」「コーチング」と書くだけではダメだということです。たとえば、ラーメンを食べたい時、味のしないラーメンや何味かわからないラーメンを食べたいわけではないはずです。それと同様に、ただ「私はデザイナーです」と言うだけでは、クライアントはそのサービスがほしいという気になるはずはないですよね？

　クライアントにとっては、あなたがデザイナーとして何ができるのか、あなたに発注することで、どのような利益を得られるのかということが最重要事項。これを念頭に置いて、できるだけ多くサービス内容

を書き出してください。

▶ 費用対効果を意識しよう

　ここでなかなか書き出せなかったという人は危険です。起業する際、単に技能を身につけただけでお金がもらえると安直に考えている人が多いのですが、これは大きな勘違いです。

　たとえばデザイナーなら、ただのデザインにお金が払われるわけではありません。「売れる」「集客できる」「ブランドが上がる」デザインだから、お金が支払われるのです。単純に「デザインを作ってほしいから1万円払います」という人はいません。日本デザインスクールの講座に限らず、起業家・経営者向けのセミナーでも、最初から最後までこのことを強調しています。

　重要なのは、**お客さんがあなたの提供するサービスにお金を払うことで、どれだけ得をするか**です。お客さんは契約前に費用対効果を考えて、その料金を払うかどうかを決めます。

　当スクールの講座費用は50万円から、最も高いコースで300万円ですが、どのコースも満席です。当然ながら、私や久保の話が聞けるというだけで300万円もの高い費用を払う人はいません。

　では、なぜその金額を払うのでしょうか。それは、**受講者がその金額を払ってでも得たい結果があるから**です。これまでのあなたも同じで、何かにお金を払った時、必ずその金額に見合う、ほしい結果が得られると思ったから買ったはずです。たとえば、家族や友人と外食に行くときも、得たい喜びや楽しさなどの結果が見込めるからこそ、対価を払うのです。

　つまり、すべての経済活動は「価値」に基づいて成り立っています。あなたが何か売りたいものがあるとしたら、それそのものではなく、**それで得られる価値に対してお金が支払われる**のです。

　「私はデザイナーです」ではダメだというのはそういうことです。

5-3

365日で 70万円と 45日で 70万円の講座　どっちが高いか

　先ほどの話を、商売において重要なルールとして整理しておきましょう。これは**「価値と価格」**のルールです。

　多くの消費者は、価格の数字だけを見て高いか安いかの第一印象を判断します。たとえば、テレビでラーメンが1,800円だと知ると「高い！」と叫ぶ芸人を見かけますが、これは単なるリアクション芸であり、私たちが行うビジネスとはなんの関係もありません。

　これからビジネスの世界でプレイヤーとして活躍するのであれば、消費者の思考から脱却しておかなければなりません。

▶ 同じ70万円の講座なら、
　受講期間45日と365日のどちらが高い？

　たとえば、先ほど話した当スクールのコース料が300万円と聞くとすごく高いと感じる人が多いでしょう。しかし、その講座を受けることで3億円を稼げるとしたらどうでしょうか？　それでも「高い」と感じる人は、一生成功できないでしょう。

　また、他社は1年間で70万円の講座を提供していますが、当スクールは同じテーマの講座を45日間で70万円という価格で提供しています。

　これも高いと感じるか安いと感じるかはその人の理解度と価値観によって変わるのですが、期間が短いのに同じ料金なら割高だと感じる人が多数派でしょう。

　しかし、**卒業後の結果が違えばいかがでしょう。**たとえば、同じ70

価格	価値
数字の大小に過ぎないもの	満足感なども含む自分の提供する商品・サービスが与えるもの

万円でも、前者は月収30万円になるまでに1年間かかるのに対し、後者は45日しかかからないとしたら、どちらの方が割安・割高と感じるでしょうか？

▶ **価格は本質ではなく数字の大小に過ぎない**

　つまり、価格はあくまでも数字の大小に過ぎません。重要なのは、その価格に対して提供される価値の大小、その割合で高い・安いが決まるのです。

　ゆえに、あなたが商売をする際には、**自分の提供する商品やサービスが割安か割高かを考える必要があります。当然ながら、割高であればあるほど商売は難しくなり、割安であればあるほど商売はしやすくなります。**

　つまり、あなたが個人事業主として考えなければならないのは、価値と価格のバランスです。あなたが提供する価値に対して、クライアントがいくらなら払いたいと思うかがすべてです。今この瞬間からこのことを一生覚えておいてください。

5-4

機能、優位性、便益
FABで自分の価値がわかる

　フリーランスとして自分の価値を売る上で重要な考え方を身につけるために、身近な事例を使って練習してみましょう。たとえば、電子レンジを自分で選んで買った時のことを思い出してください。

1. **機能**——まずは、電子レンジの機能を考えると思います。最大ワット数や温めにかかる時間、調理できる料理の種類などがあります。
2. **優位性**——2つ目が、他社製品と比較して優れている点。購入する際はいろいろな電子レンジと比較検討して、どのような点が優れているかを確認するでしょう。
3. **便益**——3つ目が、その機能や優位性が皆さんの生活に与えるメリット、つまり便益を考えます。

　このセットが揃っているからこそ、あなたはそのレンジを購入したわけです。
　この考え方はセールスやマーケティングの領域で「FAB」と呼ばれるものです。**FABとは、Feature（機能）、Advantage（優位性）、Benefit（便益）の略で、これらがすべて一貫してつながっていると、価値を感じ、購買意欲を掻き立てられます。**
　逆に個々だけでは効力を発揮できません。たとえば、「このレンジで生活が豊かになりますよ」と便益だけ、もしくは「ワット数が高いんです」と機能だけをアピールされても、よし、買おう、とはならないでしょう。しかし、「他社製品と比べてワット数が最も高く、一番早く料

理ができあがるので、余った時間を他のことに使え、生活が豊かになります」と説明されると、この製品を買いたいと思えるはずです。

この話を踏まえて、過去に買った製品を思い出して、なぜそれを買ったのか、FABのセットを思いつく限り書き出してみてください。できたらそれを自分のビジネスに当てはめて書き出してみてください。

この時重要なのは、**1つの項目に対してFAB（機能、優位性、便益）を明確に出すこと**です。1つの機能から複数の便益が生じる場合もあれば、複数の機能が1つの便益に集約されることもあります。この線の数が価値の数であり、線の太さや細さには微妙な違いがあります。

また、他の人がほしいと思う便益でも、自分にとっては興味がない便益もあります。どんなことに価値を感じるかは人によって異なるため、機能（スキル）は大量に持っておいた方がいいでしょう。自分の商品やサービスに関するスキルの引き出しが大量にあれば、いくらでも売ることが可能です。

▶ FABで収入倍増

私がフリーのデザイナー時代、デザイン未経験だったにもかかわらず、他社の3倍以上も売れたのは、FABの使い方がうまかったからです。

周りのデザイナーは自分のデザインの価値をクライアントに伝えることがほとんどできなかったため、それが得意だった私は面白いほどお客さんを獲得できたのです。**商談から仕事を獲得するまでは口だけの勝負になるケースが多いので、自分の価値を伝える能力が重要**なのです。

もしあなたがすでに売り物になるスキルを持っているのであれば、FABトークのスキルを身につけるだけで簡単に稼げるようになります。収入はスキルとスキルの掛け算なので、今のスキル×FABトークスキルで収入は激増するはずです。

5-5 フリーランスが「自分」という商品価値を上げる方法

　個人事業主にとって、一番の商品・サービスは、商品・サービスそのものではなく**あなた自身**です。したがって、コミュニケーション能力が低い、服装がダサい、体臭が臭いなどのあなた自身のマイナス要素で売上が下がります。

　逆に、見た目がいいだけでたくさん仕事が舞い込む人も世の中にはごまんといます。確かにイケメンや美人が得なのは事実ですが、稼げる要素は見た目だけではありません。

▶ 自分自身を商品と見立てて FAB を考える

　あなた自身が売り物そのものであると考えると、提供するサービスはデザインやコピーライティング、コンサルティングかもしれませんが、**清潔感、敬語の使い方、得意なこと、住んでいる地域、生い立ちなど、他にもたくさん武器となる要素はあります。**

　たとえば、元保育士がWebデザイナーになった場合、この人には他のWebデザイナーにはない「異色の経歴」という武器があります。同時に多くの子供の面倒を見ていた経験があるため、複数の案件の工程管理などのマルチタスクや、臨機応変な対応ができる能力＝機能があると考えられます。クライアントにとって、それらは大きなメリットになります。

　まずは自分自身を商品・サービスと見立てて、FAB（機能、優位性、便益）を明確に書いてください。

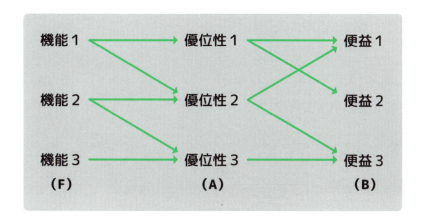

FABを明確に書き出そう

　先ほどの家電と同じく、1つの機能に対して1つの優位性、1つの便益を1セットにして書きます。表にしても箇条書きにしても構いませんが、必ず1セットにして書いてください。

▶ スキルと時間を売るのがフリーランス

　フリーランスとは、ただ単に職場に行って労働力を提供するとか、物を作って販売サイトで売るという職業ではありません。**あなたが商品として売るものはスキルと時間**です。クライアントにあなたが技術者として持っているスキルと時間を売るわけですから、それにどれだけの価値があるかということを伝えることが重要です。

　厳密には時間の切り売りではないのですが、**納品物は完成して自分の手を離れた後も価値を生み続けます。**たとえばデザインしたWebサイトはその企業の顔となり、長期間にわたって顧客を引きつけます。バナーも同様に、適切なデザインと配置により、広告効果を最大化するこ

とができます。

　そのため、クライアントに今この瞬間だけではないあなた自身の価値をしっかりと伝える必要があるのです。

▶ 安く使われているのは本人のせい

　世の中の多くの会社員からよく出るフレーズに「会社に安く使われている」「会社は私を正当に評価してくれない」があります。もしあなたが会社員なら今まさに思っていることかもしれません。

　でもそれは安く使われている本人が悪いのです。なぜ安く使われてしまうのでしょうか。**会社に自分の価値を正しく伝えていないからで**す。会社に価値がないと思われているから、安く使われてしまっているのです。しかし、裏を返せば、会社にあなたの価値を認識させることができれば、価値も評価も給料も上がります。

　たとえば、会社に給料を上げてほしいと要求しても、あなたの価値を認識していなければ、即座に断られるでしょう。自分に価値があると思うなら、自分で自分の価値を相手に伝えることが重要なのです。

　具体的には、**自分がどれだけの成果を上げたか、どれだけの時間と労力を費やしたかを具体的な数字や事例で示すこと**です。それでも自分の価値を認めなければ辞めると言えば、あなたの価値を本当に示せていれば給料は上がるはずです。

　また、大御所の人たちはお金や時間を払わなくても、信用を貸してくれることがあります。この時もそれに見合うだけの価値が自分にあることを示さなければなりません。

　この話もあなたの一生を変える大切なノウハウです。このFABを使ったワークは今回だけではなく、成長する度に何度でも行ってください。そうすることで、あなたも私たちと同様に、自分の価値や評価や収入を上げ続けることができます。

第 6 章

自動的に
仕事が舞い込む
営業活動

6-1

ビジネスマナーを押さえるだけで信用を勝ち取れる

　プロフィール、屋号、自分自身の価値の伝え方をお伝えしたので、次は営業のデモンストレーションについて解説します。

　以前も話した通り、**フリーランスが一番仕事を取りやすいのは交流会**です。理想は、その場で初対面の人から「あなたにお仕事をお願いしたい」と言わせること。そこまでいかなくても、相手に「よかったら後日、Zoomでお話しましょう」と言わせるトークスキルを身につけましょう。

　これができるイメージが身についている人は、いろいろな出会いの場で次の面談の機会も仕事の契約も両手に余るくらい簡単に取れます。

　逆にこれができないとどんな場所に行っても、いつまで経っても仕事が取れずに苦しい思いをしてしまいます。

　そのためには実践練習、いわゆるロールプレイングが必要です。具体的なやり方は、フリーランス仲間を4～5人集めて、その中でまず見込み客役とフリーランス役を決めて2人が5分ほどのロールプレイングをやります。

　フリーランス役の人は名刺交換で「初めまして」という挨拶から入って、軽く5～10分ほど、雑談をします。

▶ **名刺交換の仕方**

　交流会や商談などで必須となる名刺交換の仕方を解説します。

　名刺交換を丁寧に行う場合、従来は「先に自分の名刺を渡してから相

手の名刺を受け取る」という手順が一般的でした。しかし、フリーランスの界隈では、明確な上下関係がないことが多いため、この作法にこだわる必要はありません。

　現代のビジネスシーンにおいては、名刺交換は同時に行うことが主流です。上下関係が曖昧な場合でも、この方法が適しています。

　たとえばデザイナーなら「**初めまして。○○（屋号）の○○（氏名）です。よろしくお願いします**」と挨拶をしつつ、相手の名刺を受け取る時は「**頂戴いたします**」と言いながら受け取ります。

　この時注意しなければならないのは、相手の名刺を受け取る時に、会社のロゴや写真、名前に指をかけることです。これを知らない人は多いですが、無礼な行為と見なされるので気をつけましょう。

　受け取る時は落とさないように指先で縁をつかむようにしましょう。

　フリーランスで名刺交換をまともにできない人は、クライアントに「この人、大丈夫かな」と不安を抱かせ、失注するリスクがあります。前にも話しましたが、第一印象のマイナスはその後に挽回するのはかなり困難です。

　逆に**名刺交換や話し方など、基本的なマナーができていれば信用度も上がるので、必死に売り込まなくても楽に受注できます。**

　慣れていない人はきちんとできるまで仲間とロールプレイングを重ねましょう。

第6章　自動的に仕事が舞い込む営業活動

初めまして

頂戴いたします

まずは名刺交換の練習から

6-2

アイスブレイクと「さしすせそ」で打ち解ける

▶ まずはアイスブレイクで心のバリケードを取り除く

初対面の相手との会話で最初に必要なのは「アイスブレイク」です。基本的にどんな商談面談も、いくら第一印象に気を遣ったところで、やはり相手は心にバリケードを張っています。

その状態でいきなり相手の核心に突っ込んでもこちらがケガをするだけです。

まずは相手に心のバリケードを解いて、扉を開けてもらわなければなりません。そのために必要なのがアイスブレイクです。

しかし、いきなりやれと言われても、慣れていない人にとっては難しいかもしれません。そんな人のために、以下に、会話の一例を紹介します。

あなた「初めまして。こんにちは。○○の○○と申します」

相手「初めまして。こんにちは。○○の○○と申します」

あなた「今日はいい天気ですね。こういう交流会にはよくいらっしゃるんですか？」

相手「たまに来ます」

あなた「そうなんですね。最近、○○が話題ですね」

相手「そうですね。あれ、実は○○なんですよね」

あなた「私はそれ知らなかったです。お詳しいですね。そのような関係のお仕事を手掛けていらっしゃるんですか？」

こんなふうに、世間話から始めて徐々に核心に入っていきます。

私はいつも先に相手の事業内容を聞きます。これも効果的なノウハウのひとつなのですが、私はこの時、しつこく質問し続けて、相手も何かこちらに質問しなければ悪いなと思ってもらうことで、自分が話しやすくなる流れをつくることができます。

▶ 交流会でも使える「さしすせそ」

とは言っても、ただ質問するだけではダメです。相手の話にきちんと感嘆してあげるということが重要です。

私がよくやるのは「へぇ！　本当ですか？　すごいですね！」という返しです。

あとはキャバ嬢が客との会話でよく使う鉄板テクニック「さしすせそ」も使えます。

さ＝さすがですね。
し＝知らなかったです。
す＝ステキですね。
せ＝センスいいですね。
そ＝そうなんですか。

実際は相手の話に興味がなくても、所々に「さしすせそ」を入れながら質問を重ねると、相手は自分に興味や好感を持って聞いてくれていると感じます。そうやって会話の雰囲気を良くしながら、どんどん質問を重ねると饒舌になんでも喋ってくれます。

次第に相手は、あなたに好感を持ちます。人は自分のことを好きな人を好きになるという心理を応用したテクニックです。

つまり、水商売でも交流会でも共通して重要なのは、相手を褒めて好

かれて、他の人よりも本心を引き出すということだけです。

　そうすると相手の財布の紐が緩みます。つまり、フリーランスなら他にもいるけれど、**どうせならこの人と取引したいと思う**わけです。ここまで持っていけたら受注の可能性はかなり高くなります。

　好きな人を口説きたい時にも使えるテクニックなので、ビジネスでもプライベートでもぜひ試してみてください。

▶ 自分のターンで話すこと

　ロールプレイングでは、フリーランス役が質問したら見込み客役が「ありがとうございます。ちなみにあなたはどんなことをされているんですか？」と質問するようにします。

　フリーランス役は、これまでのワークで作った屋号やその由来、プロフィールを簡潔に話します。

　そして、場が温まり、相手のバリケードが崩れたところで、核心である、仕事で抱えている課題や達成したい目標を聞きます。

　そして「それなら何かお手伝いできるかもしれません」とか「できれば何か私にできることをやらせていただきたい」と売り込んだり、「よかったら改めてお話をさせていただく機会をいただけないですか」と次のアポを取るのです。

　この会話をその他の人がオブザーバーとして見て、気づいたことや良かったこと、悪かった点などを２分ほどフィードバックしましょう。

　このロールプレイングは**やればやるほど成約率や収入が上がるので、フリーランス仲間とどんどん練習してください。**

6-3

実戦的ロールプレイング

これらのトークが難なくできるようになったら、次はその発展版で、具体的なクライアント像とテーマを設定して、ロールプレイングをしてみてください。

それが難しいという人は、以下に具体的なお客様とテーマを設定したので、その設定のもとにロールプレイングを行ってください。

●設定

・**クライアント**：老舗和菓子屋の2代目

・**テーマ**：現在売上に困っており、LP（ランディングページ）を発注したがデザイナーとのコミュニケーションがうまくいっていないという課題を解決する。

テーマに沿って、8分程度で片方がロールプレイングを終え、交代します。残りの時間は、お互いに「ここをもう少しこうした方が良かったかも」「こういうふうにするとなお良い」といったフィードバックを行う時間に充てましょう。

このようなロールプレイングが重要な理由は、**クライアントをどこまで具体的に想像できるか**で、営業の成功率が大きく変わるからです。

たとえば、交流会に参加する場合でも、事前にどのような人の案件を取りたいか、ターゲットを明確にすることが重要です。

そのために、事前に参加者の名簿やFacebookグループの参加者をチェックして、プロフィールやその人の書き込みを読み込みます。

第6章 自動的に仕事が舞い込む営業活動

チェックポイントとしては、

> ・個人事業主か法人の代表者か
> ・個人事業主なら何年間の経験があるのか、前職は何をしていたのか
> ・法人であればどの程度の規模の会社なのか
> ・家族構成、現住所や出身地
> ・活動エリア、商圏
> ・BtoB か BtoC か
> ・どれくらいの収入を目指しているのか
> ・現状の課題は何か
> ・その課題に対する解決策は何か
> ・最近の動向

などです。

そして、交流会当日にはそれらの事前に調べたネタは全部知らないふりをして、自然とそのネタに関連する話をふると、相手は「この人、話会うかも」と会話に乗ってきてくれるので、最初から話が盛り上がります。

このように、クライアントのことをできる限り具体的に知り、本心から興味を持てる位にイメージすることが非常に重要です。

クライアントと話すロールプレイングをしよう

6-4

チャンスをものにできるかは段取りが勝敗を分かつ

私自身が営業する際も、**事前にまずクライアントの人物像や抱えている問題、ニーズを想像します。**すると、**解決するための施策、ストーリーの展開の仕方、成約金額などが浮かんでくる**ので、それを何度も何度もクライアントの会社に行く直前まで繰り返し脳内でシミュレーションします。

あとはその内容を現場でクライアントに話すだけで、シミュレーション通りにことが運び、スムーズに成約となり、帰社してからは契約書を送るだけの作業になるのです。

▶ 準備段階で勝負は決まっている

どんな案件でもこれが可能になった理由は、会社員時代から、一般的な営業担当者よりもこの準備、シミュレーションを繰り返し行ってきたからです。当然ですが、会社員時代は常にトップの営業成績を誇っていました。

この結果は自分の頭の中で描いていたことが、後から現実として現れただけの話で、実際には準備段階でほぼ勝負は決まっているのです。

受注のチャンスを確実にものにするためには、念入りな準備が必要不可欠です。「段取り八分仕事二分」という格言がありますが、私は準備が10割と言っても過言ではないと思っています。

私だけではなく、ビジネスを成功させ続けている人は、運や偶然に期待せず、絶対に事前準備を欠かしません。あなたもこれからフリーラ

ンスとして生きていきたいなら、私たちと似たことができるようにならなければなりません。

それがやりたくないという人は、成功を手にすることができないだけです。 あなたが天然か有名人でもない限り、クライアントが具体的にイメージできるまで準備するのはマストです。

現場でアドリブに頼る人は試験勉強をせずに受験するようなもので、不合格を自ら求めているのと同じです。 何か新しいことを始めて失敗すると多くの人は「自分には才能がない」と思いがちですが、そうではありません。 単に準備不足なだけです。

仕事に必要なのは才能ではなく、十分な準備なのです。 この本では、誰にでもできることしか教えていませんので、ぜひ実践してみてください。

▶ わからないことを聞かれた時の対応

交流会で会った見込み客から、自分のわからないことについて質問されることもあります。 そんな時はどうすれば良いと思いますか？

たとえばデザイナーならシステムやコーディングについて聞かれた時、仕事を取りたいなら、正直に「申し訳ありませんが、わかりません」と答えるのは悪手です。 見込み客に「この人はやる気がない」と思われてしまう危険性があるからです。

私なら、「ありがとうございます。 よろしければ改めて確認してお答えさせてください」と答えます。 わからなかったとしても、やる気を見せましょう。 気付いた人がいるかもしれませんが、次のアポを獲得できる返しワザにもなっています。。

自分ではできないことでも、できそうな人が知り合いにいたら、その人を紹介するのもいいでしょう。 その時は自分が受注できなくても、両方から感謝されるので、その後別件として返ってくるということが往々にしてあります。 大切なのは、相手の役に立とうとする気持ちです。

6-5

出会ったらすぐに連絡
フリーランスはスピードが命

交流会で会った人と話して盛り上がったら、よかったらまた改めて仕事についてとか、課題の解決方法についてとか、お互いどういうことができるかについてお話しませんかと持ちかけます。

私の場合は、その場でお互いスマホでスケジュールを確認して、日程を決めることが多いです。その場で決められなかった場合は、「またお願いします」と言って立ち去ったとしても、その交流会が終わり次第、間髪いれずにメッセンジャーやDMを送ります。

> 「先ほどご挨拶させていただいた○○です。よろしければもっと■■についてオンラインでもお話をしたいので、ご都合のいい日程を教えていただければ幸いです」

これが帰宅後や翌日以降になるとメールで送らなければならなくなります。メールになると、次のような感じで、しっかり仰々しく書いたメッセージを送る必要があります。

> 「お世話になっております。○○の○○です。
> 先ほどはご挨拶させていただきありがとうございました。
> ○○さんがお話をされていた○○についてとても素晴らしいと思ったので、ぜひまたお話ができる機会をいただければ幸いです」

その点、メッセンジャーやDMによる即メッセージだったら多少、

第6章 自動的に仕事が舞い込む営業活動

207

拙くても許されます。

　このようにスピードは、すべての手間を省いてくれます。早ければ早いほど許されることが多いので、結果的にタスクが減り、楽になります。逆に後回しにすればするほどタスクが増えて苦しくなります。

▶ まとめ（初対面から一気に商談につなぐ関係構築術）

名刺交換
↓
自己紹介
↓
まずは雑談でアイスブレイク
↓
相手の話を聞く
↓
聞かれたら屋号の由来やプロフィールを簡潔に話す
↓
相手の抱えている課題や目標を聞く
↓
その課題解決や目標達成に、いかに自分が役に立てるか、FABで自分を売り込む
↓
「よかったらまたお話をさせていただけませんか」と次につなげる
↓
可能ならその場で日程を決める
↓
難しければ会話が終わった瞬間にメッセンジャーかDMで挨拶をして日程を決める

6-6

交流会の種類と目的を明確にする

▶ まずは無料の交流会に

　私が講師を務めるフリーランス講座で、受講生から頻繁に聞かれることの中に、「どのような交流会に参加したらいいでしょうか」という質問があります。多くの人が気になっていると思うので、それについて解説します。

　交流会はまずは無料のものから参加するとよいでしょう。いきなり仕事を取ろうとするのはハードルが高いので、初めは他人と話すことをゴールに、次は仲良くなることをゴールにして、無理せずステップアップしていきましょう。

　無料の交流会には、仕事に困っている人が多く集まり、彼らから営業を受けることも営業の練習になります。営業のセンスがない人は営業を受けるのを嫌がることが多いのですが、実はこれが営業力を高める一番かんたんな方法のひとつです。

▶ 営業を受けるほどセンスが磨かれる

　たとえば、世界ナンバー2の営業ウーマンで有名な和田裕美さんも営業を受けるのが好きだったと聞きます。また、私の知り合いのIT系の成長ベンチャー企業の社長たちも営業を受けるのが好きな人が多いです。彼らは忙しくてなかなか営業を受けられないことも多いのですが、暇があれば営業を受けています。

営業は受ければ受けるほど、頭と体にノウハウが蓄積され、どんどん上手になります。自分が営業がうまくできないと感じるなら、無料の交流会にどんどん参加して他人と話す練習と営業を受けることが、個人事業主として稼ぐための近道です。

▶ 有料のものは効果が高い

一方、有料の交流会に参加すると、発注の意向が高い人々と出会うことができます。講座やセミナーも有料のものに参加する人々は、ビジネスに投資する姿勢があるため、仕事を得やすいものです。

私自身も有料のマーケティングのセミナーに参加したことで、さまざまな人とつながり、案件を受注したことが多々ありました。当時、デザイナーでマーケティングを勉強している人は自分以外いなかったため、セミナーの中でも目立ちやすく、仕事を得やすかったです。

また、私の会社のスタッフには、有料のセミナーに参加した際には最低でも参加費の3倍稼ぐことを目標にするように指示しています。

講座やスクールで学んだことで稼ぎを増やすのは当然ですが、受講生同士のつながりや講師からも利益を得ることを目標としています。この目標はほぼすべてのスタッフが達成しており、非常に満足しています。

▶ 有料のセミナーでも意味がないと感じたら損切りする

ただし、すべての有料のセミナーが有意義だというわけではありません。フリーランス時代に、YouTubeで100万人の登録者を持つ有名な講師のセミナーを受けたことがあるのですが、その費用は6か月で100万円でした。

しかし、初日のセミナーで、1時間半ほど話を聞いた後、休憩時間に

自宅に帰り、それ以降一度も参加しませんでした。100万円よりも自分の6か月の時間の方が価値が高いと感じたからです。

ちなみに6か月後にそのセミナーから「卒業おめでとう」と書かれた証書が送られてきた時は初日で抜けて良かったと安心しました（笑）。

私が10歳から強く意識していたのは、**最も価値が高く、大切にすべきなのは自分の時間**だということです。お金や楽しみ、趣味などは後でどうにでもなりますが、時間だけは一度失うと取り戻せません。多くの人は、大きなものを失うまでそのことに気が付きません。

ですので、あなたも何よりも自分の時間を大切にしてください。無駄な時間を過ごすよりも、自分にとって価値のあることに時間を使うことが重要です。ぜひ自分の時間の使い方をより良くしましょう。

▶ 同業者の交流会は意味なし

個人的には同業者が集まる交流会にはあまり意味を見いだせません。過去にデザイナーだけが集まる交流会に何度か参加しましたが、どれも価値を感じませんでした。

もちろん友人を作りたいのであれば有益ですが、私は**クライアントと友人になる方がよっぽど生産的**だと思っています。

また、自分が持っていないスキルを持っている異業種のクリエイターとつながることには価値があります。たとえば、情報収集や案件を紹介し合うことができるので、クリエイター交流会などには参加しても良いと思いますが、この本の内容を実践すれば情報や案件に困ることもないので、やはり優先度は低めです。あくまで、心の支えや万が一に備えてなどのサブ的要素と考えて大丈夫です。

6-7

「タダでもやります」は正解？ フリーランスのキャリア戦略

　誰もがほしがる「おいしい」案件はローリスク・ハイリターンな案件です。もし、あなたが「そんな案件、そうそう転がっているものではない」と思っているとしたら、それは正解ですが、損する考え方です。

　リスクは基本的に事前にコントロールできるものです。

　もし舞い込んだ案件に不安要素があれば、事前にリストアップし、1つずつ対処して解消することで、すべての案件をローリスク・ハイリターンに変えることができるのです。

　また、これまでの職業や業界、住む場所を変えることなどもハイリスク・ハイリターンな選択です。しかし、これらのリスクも事前に適切に対処することでヘッジできます。

　多くの人は「ワークライフバランスが大事」などと言いつつ、リスクを必要以上に恐れ、ローリスク・ローリターンな選択をしがちです。しかしその結果待っているのは、あなたが望まない、夢のないつまらない人生でしょう。

　常にハイリスク・ハイリターン案件にチャレンジしつつ、事前にリスクをヘッジしてローリスク・ハイリターンに変える。これがキャリアにおける本質的戦略であり、短い時間で大きな成果を出すために最も必要な考え方です。

▶ **ビジネスは自分を成長させてくれるもの**

　今でこそ講師としてさまざまなビジネスセミナーや講演会で何百人、

何千人という人の前で何時間もアドリブで話せている私ですが、元々は人前に出るのは大の苦手で、人生で一番避けていることでした。

今でも鮮明に覚えていますが、初めてセミナー講師として人前に出たときは、たった10名の受講生に対して過呼吸になりながら話していたくらいです。

でもその苦手意識も克服した今となっては、過去の苦しかったことを楽しく思えるのはビジネスのおかげです。このように、**自分の人間として弱い点をお金をもらいながら改善でき、人生を変えることができるのがビジネスの凄さ**であり、好きな点です。

人前に出ることや人とコミュニケーションを取ること、身だしなみや生活リズムを整えることなどは苦手よりも得意の方がいいに決まっていますよね。

苦手を得意に変えるのは、プライベートよりもビジネスの方が必要に迫られる分、簡単です。人の力とお金を借りながら苦手を克服するいい機会をもらえていると思って頑張った方が、収入も上がるし、QOLも上がるし、得しかありません。

だから、ワークライフバランスを気にして両方未熟なまま死ぬのではなく、ビジネスにしっかり取り組み、成熟した人として生きる道をお勧めします。

▶「タダでもやります」は正解？

フリーランスになりたての人からよくいただく質問の中に、「交流会で、まだデザイナーとして駆け出しなので無料でやらせていただきますと言ってもいいか？　それとも安くてもお金をいただいた方がいいのか？」というものがあります。

これはデザインに限らずすべてのクリエイター、フリーランスにとって重要な問題です。**私も「駆け出しのうちは無料でも受けろ」と言っ**

ているのですが、その前提条件が重要です。それは「提供する制作物の市場の相場を知った上で」ということです。

「最初は無料で受けたけど、どのようなタイミングで値上げしたらいいですか？」という質問もよく来るのですが、そもそも自分の提供する商品・サービスの相場を認識しておかなければ、いつまで経っても無料を抜け出せません。

「はじめは無料で提供してたから、後からお金をもうらうなんて申し訳ない」と言う人がいますが、そう思うのは自分の仕事の価値を自分で認識していないからです。たとえば、「バナー制作費の相場は1点3,000~5,000円なのですが、今は駆け出しで実績を増やしたい段階なので、無料でもやらせていただきたいです」「コンサルとしての実績を増やしたい段階なので、一般相場で5万円の取り組みを無料で提供します」と伝えなければならないのです。

ワケもなく自信が無いという理由だけで「無料で大丈夫です」と言うのは、無料に逃げているだけです。無料に逃げずに無料を戦略として使うことで、スムーズに有料に移行できます。

▶ ペイとリターンを意識しよう

ですので、私が皆さんに無料でもやれと言っているのは、皆さんの実力では無料でもいいということではなく、もらえる可能性のある報酬を捨ててでも、まずは実績のバリエーションを増やすことの方が長い目で見れば価値が高くなるからなのです。

逆に、皆さん自身がクライアントにお金を払ってでも案件を取る方がいいくらいです。それはなぜでしょうか。実績がたくさんある方が、次の案件が高く取れるからです。

たとえば、3,000円を払って案件を取って納品することで、すぐ次の

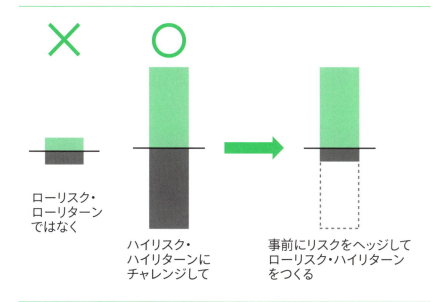

×
ローリスク・
ローリターン
ではなく

○
ハイリスク・
ハイリターンに
チャレンジして

事前にリスクをヘッジして
ローリスク・ハイリターン
をつくる

案件が来て、3,000円を取れるのなら、プラス・マイナスゼロになりますよね。それによって早く実績を増やすことができます。

とにかく、はじめのうちは実績が重要です。

個人事業主は何にいくら投資して、どれくらいでペイするか、リターンを得るかという、ペイとリターンの考え方が必要なので、常に意識するようにしてください。

無料で仕事を引き受けることは、実績作りに非常に効果的です。ただし、クライアントには最初に、無料は「今だけだ」と伝えることが大切です。これにより、継続的に win-win の関係を築くことができます。

6-8 仕事が途切れず入ってくる販促ツールの重要性

ポートフォリオ

商談の際に必要となる販促ツールについてお話しします。まず必須なのがポートフォリオです。クリエイターとしてポートフォリオがないのは論外ですので、必ず用意しましょう。

ポートフォリオには、自分がこれまで手掛けた作品やプロジェクトの詳細やプロジェクトにおける自分の功績を記載し、具体的な成果やクライアントのフィードバックも含めるとよいでしょう。

これにより、**相手に自分の実力をアピール**しやすくなります。

名刺

次に必要なのは名刺です。商談相手と会って最初に渡すのが名刺で、そこからこれまでお話しした屋号やプロフィールなどの自己紹介、セールストークが展開できるので、重要なツールです。

まだ名刺を作っていない場合、正直に「まだ作っていなくて申し訳ありません」とは言わないようにしましょう。デザイナーとして名刺を作っていないというのは商談相手の信頼を損ねます。

そのような時は、**「今、名刺を切らしていてないのです。申し訳ありません。届き次第、お送りさせてください」**と言いましょう。

名刺には、屋号、肩書き、氏名、電話番号、メールアドレスなど、基本的な情報を掲載しましょう。メールアドレスは、開業準備の項目でも解説しましたが、Yahoo!メールやGmailなどのフリーメールでは信用度がワンランク下がるので、有料の独自ドメインの取得をお勧めします。

▶ 名刺デザインの重要性と効果的な作り方

　名刺のデザインも重要なので解説します。

　私はこれまで何千回と名刺交換をしてきましたが、大企業の名刺も含め、ほとんどの名刺はセンスが悪く、効果が低いです。ほとんどが左上にロゴ、中央に社名、その下に肩書き、氏名、連絡先といった決まりきったテンプレで記憶にも印象にも残りません。

　海外ではデザイナー以外の職業の人の名刺もおしゃれですが、日本ではデザインに対するリテラシーが低く、ダサい名刺が多いです。あなたもビジネスで名刺交換をしていて、おしゃれな名刺に出会うことはかなり少ないと思います。

　その理由はダサい名刺はデザインがオリジナルだからです。特にデザイナー以外の場合は「フリーランスのくせにこんなにダサい名刺なのか」と信用度が一気に下落してしまうので、**オリジナルでデザインするのはやめましょう。**

　デザインはテンプレートを活用しましょう。PinterestやGoogleで「おしゃれな名刺」と検索すると大量の参考となるデザインが出てきます。その中から、**自分の屋号に合いそうなデザインを選び、少しだけアレンジして作ることをお勧めします。この方法で簡単におしゃれな名刺が作れます。**

　これだけで、相手の第一印象が大きく変わり、実力のあるフリーランスとして良いスタートが切れます。

217

▶ 名刺一つで売上が変わる

　名刺は簡単にライバルに差をつけることができる販促ツールですが、これがわかっていないと出会う前から損をすることになります。

　私自身も起業当初から名刺を渡すと「めちゃくちゃカッコいいですね」「さすがデザイナーですね」「さすがマーケターですね」と言われるように、工夫を重ねてきました。これにより、わざわざ能力をアピールする必要がなくなり、商談が楽に進みます。**ビジネスの肝はいかに少ない労力で大きな成果を得られるか**です。セールスも、セールスの時間をどれだけ減らせるかに実力が表れます。

　私の場合、お客様からは発注前提で相談が来ることも多く、価格のすり合わせだけで済みます。ですから、セールスの時間は0分です。

　あなたもこうした状態になることを目標にして効果的な名刺を作ってみてください。もし名刺交換で相手から「さすが○○さんですね」と言われず、何の反応もなしに受け取られた場合は、まだ改善の余地があると考えてください。

▶ 何度でも作り直す

　私の場合は名刺を渡して相手のリアクションを見て、名刺をどんどん改善していきました。トータルで100回以上のテストと40回以上のアップデートを重ねてきました。

　リアクションが薄かったからというよりも、どのような名刺を出せば、私が一番ほしい質問をしてくれるか、売上につながる流れを作れるかということをずっと研究してきました。

　なので、パタパタ開く名刺や、わざと誤植のある名刺を作って、相手から得たい反応が得られるようにと、日本一名刺を研究してきた自負があります。

もちろん、最初からここまでする必要はないので、まずはテンプレートを使ってでも「お洒落ですね」「カッコいいですね」などのポジティブな反応でスタートを切れる渡す意味のある名刺を作ってみてください。

オンライン商談における注意点

▶ 背景画像

　また、Zoomなどを使ってオンラインで商談する際の背景画像も重要です。たとえばデザイナーと名乗っていながら、背景がリアルな自分の部屋で、洗濯物などが映っていると、商談相手にネガティブな印象を与えてしまう恐れがあります。

　ですので、**背景画像は、屋号に込めた想いを反映したものや名刺のデザインを元に作成すると統一感が出てよい**でしょう。

▶ 照明やマイクにも気を配る

　オンライン商談の際には、カメラの角度や照明にも気を配りましょう。自然光を利用するか、適切な照明を使うことで、顔が明るくはっきりと映り、相手に良い印象を与えることができます。

　また、背景音を最小限に抑えるために、ZOOMやマイクのノイズ除去設定を活用したり、静かな場所での商談を心がけることも重要です。

　以上のポイントを押さえて、商談に臨む際の準備を整えましょう。しっかりと準備することで、メンタルが整ったり、商談がスムーズに進み、成功の確率が高まります。

▶ ブログやSNSも強力な営業ツールになる

　自分から見込み客に対して商品やサービスを売り込むことだけが営業活動ではありません。 理想は黙っていても見込み客の方から仕事の問い合わせや依頼が来る状態です。 そのための強力なツールとなるのがブログやSNSなどの情報発信ツールです。

　たとえば、ビジュアルで勝負するデザイナーや動画クリエイターなら自分の手掛けた作品を掲載することで見込み客からの信用度がアップします。 ライターなら自分のことを魅力的に紹介する文章を掲載することで、見込み客に「このライターに頼めば魅力的な文章を書いてもらえる」と思わせることができます。

　このように、案件獲得の可能性を上げるために、自己PR媒体は用意すべきです。 これまでの実績や作品をWEB上に準備しておけば、対面や紹介で会った見込み客にDMやメールで送り、成約の確率を全体的に上げることもできます。

　ただ、これからフリーランスになろうとする人の中には実績がない人も多いでしょう。 しかし落胆する必要はありません。

　実績がなければ自分で作れば良いのです。

　私も起業当初、あまりにも暇な時に架空のクライアントの案件を想定して、制作物を作っていました。 この場合、案件がリアルか架空かはどうでもよくて、見込み客に対して「実際にこのレベルのものを作ることができる」ということをアピールできれば良いのです。

　「見込み客からはどう見えるか」で考えればシンプルです。 リアルだろうが架空だろうが、知らない人からしたら制作実績です。 見込み客は実績が何もないと心配なので、自分のスキルを見せて安心させてあげれば発注してくれる可能性は上がります。

　相手の安心材料を揃えることは相手への優しさ、営業の基本です。自分を社会に出す練習でもあるので、積極的にトライしましょう。

▶ 情報発信のメリット

　その他にもフリーランスが情報発信することのメリットは数多くあります。主なものを次に紹介します。

1. ポートフォリオの公開
- **実績の可視化**：自分のスキルや実績を具体的に示すことができます。
- **多様な案件獲得**：記事を通して、自分の得意分野や過去のプロジェクトをアピールすることで、幅広い種類の案件を獲得できる可能性が広がります。
- **信頼性の向上**：継続的に質の高い記事を公開することで、クライアントからの信頼度が向上します。

2. 専門性の証明
- **ニッチな分野での強み**：特定の分野に特化した情報を発信することで、その分野の専門家としての地位を確立できます。
- **競合との差別化**：他者との差別化を図り、独自の強みをアピールできます。
- **新規顧客開拓**：Webを通じて、自分の専門知識を求めている潜在顧客に広くリーチすることができます。

3. 集客力向上
- **SEO効果**：検索エンジン最適化（SEO）を行うことで、検索エンジンでの上位表示を実現し、自然な形で集客することができます。
- **相乗効果**：ブログやSNSを連携させることで、より少ない労力でより多くの人に情報を届けられます。
- **コミュニティ形成**：読者との交流を通して、コミュニティを形成し、情報交換や意見交換を行うことができます。

第6章 自動的に仕事が舞い込む営業活動

4. 収益源の多様化

- **広告収入**：Google AdSense などの広告サービスを利用して収益を得ることができます。
- **アフィリエイト**：商品やサービスを紹介し、成約に応じて報酬を得るアフィリエイトも可能です。
- **有料コンテンツ販売**：ノウハウやスキルをまとめた有料コンテンツを販売することができます。
- **書籍出版**：ブログ記事をまとめた書籍を出版することも可能です。

5. 自己成長

- **継続的な学習**：記事作成を通して、常に新しい知識や情報を学び続けることができます。
- **発信力向上**：自分の考えを整理し、わかりやすく伝える力が養われます。
- **自己ブランディング**：ブログを通して、自分自身のブランドを確立することができます。

6. ビジネスチャンスの拡大

- **共同プロジェクトの誘い**：他のフリーランスや企業とのコラボレーションにつながる可能性があります。
- **講演依頼**：専門家としての地位を確立することで、講演やセミナーの依頼を受ける機会が増えるかもしれません。
- **投資家からの注目**：自分のビジネスに興味を持った投資家から声がかかる可能性もあります。
- **メディア出演**：メディアのニーズと重なることがあれば、TVや雑誌などの取材を受け、ブランドや認知度を上げることができます。

6-9

歩留まり計算でタスク化
目標の設定と実行が成功の肝

▶ 実現可能な目標を立て確実に実行する

そもそも結果は完全にコントロールできるものではありません。たとえば、これまで指南してきたことを全部実践しても、見込み客が発注してくれるかどうかは相手の都合次第です。

しかし、自分で完全にコントロールできることもあります。それは自分の行動です。

たとえば、「今月は３回交流会に参加する」、「交流会で５人と話す」などは、自分の意思でできます。つまり、自分次第で達成可能な行動の目標を立てて、それを確実に実行することが重要なのです。

それがビジネスにおいて成功するための鍵の一つです。まずは、これから１か月間でどのような行動をするかという目標を立てて、実行していくことで、あなたの人生にも変化が訪れます。

▶ 行動目標の立て方

行動目標の立て方の一例を紹介しましょう。

もしあなたがデザイナーなら、いつまでと期限を決めて、バナー、Webサイト、LPなどの受注目標を設定します。その目標を達成するためには、１か月に商談や面談を何回行う必要があるか、そのためには交流会に何回参加する必要があるか、というふうに逆算思考で考えれば、具体的な行動目標が見えてきます。

たとえば、40人が参加する交流会に2回参加して、10％の確率で商談が設定できるとしたら、8人と商談ができます。

さらに、商談した人たちのうち、25〜50％の確率で受注できるとすれば、2〜4人の受注が見込めます。これに案件単価を掛けたら、それがあなたの収入です。この一連の計算をビジネス用語で「**歩留まり計算**」と言います。

ここで目標と見合えば、あとは交流会の日程を調べて参加申込みをするだけです。

このように、**目標を設定し、具体的な数字を基に行動計画を立てて、達成するために必要な戦略をひたすら練り、タスクに落とし込み、実行するというごく簡単なことがきちんとできれば、月に100万円稼ぐくらいは誰にでも簡単にできます。**

できないのは、これらのことをきっちり実行していないからです。実行してみてダメだったら、設定した歩留まりに改善の余地があるということなので、改善すればいいだけです。

> 習慣作りは最初こそ大変かもしれませんが、一度習慣化してしまえば、これほど強力なスキルアップツールはありません。無理なく続けられるように、継続可能な目標を設定して取り組みましょう。

第7章

クライアントワークが連続受注の肝

7-1 ヒアリングシートで勝負が決まる

　仕事を受注し、業務を開始、納品した後、次の受注につなげるためには、クライアントとの円滑なやり取りが必要不可欠です。

　その中には法律が絡む面倒で煩雑な事務作業も含まれます。確定申告と同様多くのフリーランスは苦手な分野だと思いますが、避けては通れないのでしっかりと勉強しましょう。

　ここからはそんなクライアントワークについて解説します。

▶ キャンセルを防ぐためにも有効

　クライアントとの打ち合わせ時にプロジェクトに関する必要事項を確認しておくことが非常に重要です。主な目的はスムーズな制作やトラブル防止ですが、受注がほぼ確定している場合、その確率をさらに上げることができます。

　特にクリエイティブ系の職種の方は注意が必要です。というのは、クリエイターはキャンセルされやすいからです。たとえば私の場合、クライアントと一度対面で話をすればサイトのイメージが湧くのですが、クライアントの方は1回の打ち合わせではまだコミットメントが薄いので、途中でキャンセルする可能性があります。

　それを防ぐために、私はクライアントにヒアリングシートを書いてもらった段階で、その場でホームページのラフデザインを手描きで作ってクライアントに渡していました。

　クライアントはその手描きのラフデザインとヒアリングシートを自社

に持ち帰った時には受注する気満々になって、ぜひこの人にお願いしたいという気持ちが強まります。これによりキャンセルがほぼなくなります。

　過去に私が使用していたサイト制作におけるヒアリングシートを元に質問項目を解説します。

1. サイトのタイトル

　どのようなサイト名にするのかを聞きます。ゼロから作る場合、こちらから提案することもあります。

2. ドメインの取得状況

　取得済みか、これから取得するのかを確認します。

3. サイト構築の背景・目的・コンセプト

　店舗紹介、ECサイトなどサイトのタイプを聞きます。

4. 顧客ターゲットとニーズ

　ターゲットとする層の性別、年代、属性を確認します。

5. サイトの規模

　総ページ数、階層数など、どのくらいの規模にするのかを確認します。

6. 期待する効果

　イメージ向上、アクセス増加、認知向上、売上向上、問い合わせ増加など、具体的な目的を確認します。多くのクライアントがすべての目的にチェックを入れますが、これを確認することは重要です。

7.同業競合他社のサイト情報

クライアントの事業やその市場への理解を深めるためにも、3つ以上挙げてもらいます。

8.準備・提供いただける素材

クライアントから支給してもらえる素材を確認します。不足があれば、追加料金をいただいてこちらで制作・購入・撮影しますと提案することもあります。

9.予算とスケジュール

事前に予算と大まかなスケジュールを確認します。

10.その他の依頼内容

これまで記載していること以外に何か依頼したい内容があるかを確認します。自分や自分の仲間にできる人がいれば、案件が広がるチャンスになります。

11.更新頻度・運営

サイトの更新頻度を確認します。これを聞いている人はあまりいないのですが、受注額をさらに増やせる可能性もあるので、聞きましょう。たとえば、クライアントが更新頻度が多くて面倒だと言うと、「ではうちが月額○○円で更新しましょうか」と提案できます。実際にこれで更新代金をいただけるケースがあります。

12.サーバー・インフラに関して

現在利用中のサーバーの有無を確認します。WordPressによる納品では、こちらでサーバーを管理した方が楽なので、クライアントが元々自前のサーバーを持っていた場合は「サーバーを変えてもらうことにな

りますが大丈夫ですか？」と事前に確認していました。

　サイトを作り終わった後にサーバーで揉めると、最悪の場合、納品できなくなってしまうので、必ず確認しましょう。

13. テイストやコンセプト

　ヒアリングシートの質問事項の中でも非常に重要な項目です。

　「可愛い」「カジュアル」「ポップ」「カラフル」「ゴージャス」「派手」「重厚」など、クライアントが望むテイスト・コンセプトを確認します。

　必要に応じてカラーやフォントのイメージもサンプルを用意して、どのような系統にしたいのかを確認します。

　この時、お客様の中には「可愛い系のテイストにしたい」と言う方もいます。 しかし、こちらとしては多くの同じようなサイト構築の経験から、可愛い系で集客を向上させるのは難しいケースだったとします。

　そこでお客様に対して、「**それだと、このヒアリングシートの最初の方で聞いた目標を達成するのが難しいかもしれません。 どちらを優先しますか？**」と質問します。

　すると、大抵のクライアントは優先順位をつけてくれるので、落ち着いたテイストにしたり、表現の好みはプラスアルファ程度にしてくれます。

　裏を明かせば、ヒアリングシートは、クライアントの間違ったニーズを削ぎ落とすための診断ツールです。 ただし、「ヒアリングシート」ではなく「あなたの間違いを正すシート」と書いてしまうと問題が起きるため、「ヒアリングシート」としています。

　ここまで読んでわかった人もいるかもしれませんが、**ヒアリングシートを使って行っているのは、実はお客様の教育と協力**なのです。

　実際にプロジェクトが始まってからクライアントに「この2つの両立は難しい」と言うと、「そんなの聞いてないよ」と怒り出す可能性があります。

こうしたトラブルを何度も経験して、クライアント教育の重要性を理解し、ヒアリングシートを使ってクライアントの協力体制をこちらで作らせるようになりました。

これが、真のクライアントワークと呼ばれるものです。

もちろん、こちらが止めてもクライアントが「それでも絶対に可愛い系でやりたい」と主張したら、その要望に合わせて作ります。

お金を払ってサイトを作るのはクライアントなので、**最終的に決める権限を持っているのもクライアント**です。

ただ、事前に失敗する可能性が高いとわかっているのに伝えないのは、プロとして不親切・不適切・不誠実なので必ず伝えるようにしてください。

14. 参考サイト

デザイン面での参考サイトを確認します。競合サイトではなく、たとえば「Starbucks」や「VOGUE」のようにしたいといったイメージの要望を伺います。

また、サイトのコンテンツのベースも確認します。たとえばテキストベースなのか画像ベースなのか、動画をふんだんに使うのか、何を使って何を表現しているのかなどです。

15. システムプログラム関連

お問い合わせフォームや会員システム、出退勤システム、画像ギャラリーなど、サイトに組み込みたいシステムやプログラムについて確認します。これにより、サイトに必要な機能を明確にし、具体的な仕様を決定します。

16. その他のご要望

クライアントのその他のご要望を伺います。たとえば「将来、スタッ

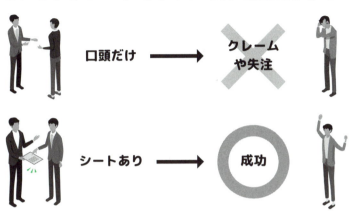

フが運用できるようにしたい」や「将来、このような機能を追加したい」といった要望があれば、見積もりを作成します。

　金額等の規模が大きくなりそうな要望に関しては、詳細な仕様書も併せて提出します。

最初の打ち合わせで好印象を残せれば、その後の仕事が格段にスムーズになります。逆に、初対面で悪印象を与えてしまうと、その印象を払拭するのは非常に難しくなります。後で取り戻せない損をしないように、最初の印象を大切にしましょう！

7-2

仕様書の作成が
トラブル防止につながる

　仕様書はプロジェクトの仕様を定義する重要な文書です。案件によりますが、特に金額が大きい案件の場合は添えることをお勧めします。

　私が過去に実際に作成したホームページ作成の仕様書を元に作成の仕方を解説します。

▶ Webデザインを例にした仕様書

　まずは、サイトの構成について説明します。トップページには、スライドショーやプロモーションブロックを配置し、視覚的な魅力と訴求力を高める工夫を施しています。トップページから下層ページへは、「会社概要」「サービスメニュー」「設立秘話」「インターン制度」「スケジュール」「公式ブログ」「About Us」「Contact」など、必要な情報に簡単にアクセスできるよう、ユーザーフレンドリーな構造を意識してリンクを設置しています。

　サービスメニューの下には、特化したサービスとして「ベトナム支援サポート」や「インターンシップ制度」の情報を追加し、クライアントの多様なニーズに対応できるよう設計しています。その他、「サイトマップ」「制作するページ数」「使用する言語」「対応するOSとブラウザ」についても、明確に記載しています。

　ブラウザ対応に関しては、対応環境として「Internet Explorer、Firefox 12以上、Chrome 18以上」を指定しています。これより古いバージョンのブラウザで発生する不具合についてはサポート対象外とし、責

任を負いかねる旨を暗に示しています。なお、このような免責事項は契約書に明記することが一般的ですが、私の場合は仕様書に含めて説明していました。

▶ クライアントからの質問を重視

また、SEOやPPCに関しては「サービス依頼なし」と明記していますが、これはアップセルのきっかけを作るための意図的な記載です。クライアントからSEOやPPCについて問い合わせがあった際、「実は当社でこのサービスも提供しています」と説明し、セールスの機会を創出するためです。

私の営業スタイルは、以前に述べた屋号の理念にも通じるもので、**クライアントに自ら質問を促すことを重視**しています。

こちらから積極的に売り込むのではなく、クライアントの質問に答える形で自然な流れで売上につなげるというビジネスモデルを採用しています。そのため、クライアントが気軽に質問できる環境や、関心を引くような情報設計に力を注いでいます。

あくまでクライアントファーストで考えましょう。仕様書には、相手が求めている情報を事前にしっかりと提示しておくことで、トラブルを未然に防ぐことができます。クライアントのニーズに寄り添うことが大切です。

7-3

見積書の書き方

　これまで指南したテクニックの数々を駆使してほぼ受注となった場合、クライアントからまず見積書の送付を依頼されます。

　見積書は、クライアントに提供するサービスや商品の費用を明示する重要な書類です。見積書を作ったことのない人のために、次に一般的な見積書の構成要素と書き方の手順を解説します。

1. ヘッダー

- **会社名とロゴ**：見積書の上部に会社名とロゴを配置します。
- **見積書番号**：見積書を管理するための一意の番号を記載します。
- **発行日**：見積書を発行した日付を記載します。

2. 取引先情報

- **取引先の会社名**：見積書を送る相手の会社名を記載します。
- **担当者名**：取引先の担当者の名前を記載します。
- **住所**：取引先の住所を記載します。
- **連絡先**：取引先の電話番号やメールアドレスを記載します。

3. 自社情報

- **屋号**：屋号を記載します。
- **担当者名**：自社の担当者の名前を記載します。
- **住所**：自社の住所を記載します。
- **連絡先**：自社の電話番号やメールアドレスを記載します。

4. 見積内容

ここが見積書の肝です。

- **項目番号**：各項目に番号を振ります。
- **商品・サービス名**：提供する商品やサービスの名称を記載します。
- **数量**：提供する商品やサービスの数量を記載します。
- **単価**：商品やサービスの単価を記載します。
- **金額**：各項目の数量と単価を掛け合わせた金額を記載します。
- **小計**：各項目の金額を合計した金額を記載します。

5. その他の費用

- **消費税**：小計に消費税を加算します。今は 10%分を加算します。
- **送料**：送料が発生する場合は、その金額を記載します。

6. 総計

- **総計金額**：小計＋消費税＋送料などの総計金額を記載します。

7. 備考

- **備考欄**：特記事項や注意事項があれば記載します。

8. 署名

- **担当者の署名**：担当者の署名欄を設け、署名を記載します。

7-4

契約書の作り方

　これからフリーランスになろうという人のほとんどは、これまで契約書をどこの会社とも交わしたことがないと思います。

　契約書はあなた自身を守るために必要不可欠です。これからその作り方を実際に**私が作成した契約書を元に解説し**ていくので参考にしてください。

　使用するのは私が過去に使用していた契約書なので、現在とは少し違う部分があるかもしれませんが、ご了承ください。とはいえ、当時かなり厳密に作成したものなので、今でもこの程度の内容があれば十分通用すると思います。

　なお、この契約書は「ホームページ作成業務委託契約書」となっていますが、どんな業務にでも使えます。

　契約書は小規模な、低い料金の案件でもいちいち結ぶのはクライアントに嫌がられるので、20万円を超える案件からでよいでしょう。

　契約書には一定のルールがあります。まず、**「甲」はクライアントを指します。**毎回クライアントの名前をすべて記入するのは手間がかかり書き漏らしのリスクがあるため、契約書では「甲」と「乙」といった表現を使います。

　業務を誰かに再委託する場合、その人を「丙」とします。これにより、**まず主従関係を明確とする**ことを覚えておいてください。

　では第1条から順を追って説明していきます。

236

第1条　目的

　この契約の目的を明記します。「甲が乙にホームページ制作を委託し、乙はこれを受託する」といった内容です。

　ホームページ制作の実務以外にもクライアントに協力してもらわなければならないことがあります。

　発注者が契約に詳しいと、ホームページ制作に必要な情報収集などは一切やりませんと言われかねないので、「**甲は、乙が本業務を遂行するに際して、必要な協力を行う**」という一文を入れます。

第2条　内容及び方法

　第1条の目的に対してどんなことをするのかという具体的な業務内容を記載します。たとえば、デザインやコーディング、ライティングなどです。

　業務の提供方法も明記します。**たとえばデータで納品するなら「データ納品」、印刷物で納品するなら「印刷物納品」などと記載します。**

　コンサルティングやコーチングなどの無形物の場合は、「コンサルティングやコーチングの提供」と書きます。その際、対面やオンラインなどの提供方法も記載します。

第3条　報酬および支払方法

　報酬については、甲が納品物の対価として、乙からの請求に基づき、乙に対して支払う報酬額や支払い方法・期日を明記します。見積書を送る場合は「見積書の定める通りとする」と記載しておいてもOKです。また、振込手数料については念の為、甲が負担すると明記しておきましょう。

第4条　守秘義務

　特に重要な条項で、このサービスにおいて必要なデータは提供しても

ホームページ作成業務委託契約書

_____（以下「甲」という。）と株式会社日本デザイン（以下「乙」という。）とは、次のとおり
契約を締結する。

第1条　目的
1.　ホームページ作成業務(以下「本業務」という)を乙に委託し、乙はこれを受託する。
2.　甲は、乙が本業務を遂行するに際して、必要な協力を行う。

第2条　内容及び方法
1.　乙の提供する本業務の内容
　　　　(1)　ホームページのデザイン
　　　　(2)　ホームページのコーディング
　　　　(3)　コンテンツ準備のためのサポート

2.　乙の甲に対する本業務の提供方法
　　　　(1)　制作後データの納品

第3条　報酬および支払方法
1.　甲は、納入物の対価として、乙からの請求に基づき、その作成等に関する料金及び消費税相当額を別途乙に支払う
　　ものとする。本契約に基づく料金額は、乙の見積書に定める通りとする。
2.　振込手数料は甲の負担とする。ただし、乙が見積書にて料金の支払い条件を別途明示している場合は、見積書の記
　　載を優先する。

第4条　守秘義務
1.　甲は、乙の提供内容つき、乙の書面による許可なくして、出版、講演、電子メディアによる配信等又はその他の方
　　法により、一般公開してはならない。
2.　乙は、本契約期間中、本契約終了後であるかを問わず、甲の事業に関する他、甲の依頼する業務の処理上知りえた
　　秘密を保持し、一般公開されている情報を除き、甲の許可なくして第三者に開示しないこととする。

第5条　契約期間および作成期間・納期
1.　ウェブコンテンツの作成期間は、乙が甲から作成に必要なすべてのデータを受領した時点を起算日として計算す
　　る。ただし、この起算日よりも遅い日に作成に着手する旨の記載が見積書にある場合は、見積書に記載された着手
　　日付を起算日とする。
2.　甲からの指示により、業務内容に変更があった場合、あらかじめ伝えた作成期間、納期は無効とし、改めて両者協
　　議の上で定める。

第6条　契約解除
乙は、甲が次のいずれかに該当する場合は、本契約の解除をすることができる。

1.　本契約のいずれかの条項に違反した場合
2.　支払期日を経過してもなお利用料金を支払わない場合
3.　その他、本規約に違反した場合

弊社は、前項の規定により本サービスの利用停止をするときは、あらかじめその理由、利用停止をする日及び期間を甲
に通知します。ただし、緊急時やむを得ない場合、通知・催告をすることなく直ちに契約を解除することができるもの
とする。その際の制作費用の返金は行わないものとする。

第7条　作成物の納品

1. 乙が甲に作成物の納品を行う前に、甲はインターネット上にて作成物の確認をするものとする。作成物確認依頼の案内は、電子メール等の手段によって通知する。
2. 甲は、作成物の確認依頼通知を受領後すみやかに、その内容の確認を行うものとする。甲からの乙への確認通知は上記確認依頼通知への返信メール、または文書等により行う。確認依頼通知の受領後7日以内に乙宛への連絡が無い場合は、確認依頼通知の送信日に、甲により作成物の内容が承認されたものとする。

第8条　作成物の返品・再作成

1. 納品物が本契約で提示した仕様を満たさない場合、それが乙の故意または重大な過失に帰するものである場合に限り、乙の負担にて再作成を行う。
2. 納品物が本契約で提示した仕様を満たさない場合のうち、甲の作成目的を大幅に阻害するものである場合、両者協議の上返品することができる。この場合、手付け金は返金しない。また、手付け金とは別に、甲は乙が本契約の遂行のために負担した実費（素材集の購入・素材画像の撮影費用等）を負担する。
3. 甲が乙に提示した情報または指示の誤りに起因して再作成を行うこととなった場合には、予め定めた作成料金のほかに、甲は乙に、乙が合理的な根拠に基づいて計算した追加料金を支払う。
4. 画像スキャンは、デジタルデータ化された画像の発色や鮮明度等に原稿と多少の差異が生じる場合があるが、これは乙の責任範囲外とする。

第9条　通知

1. 一方から他方への通知は、電子メールまたは文書等、社会通念上適当と判断される通信手段により行うものとする。
2. 前項の規定に基づき通知を電子メールにより行う場合には、当該通知はインターネット上に配信された時に配信されたものとする。
3. ただし、本契約を変更または解除する必要が生じた場合には、前項の規定にかかわらず、文書により通知するものとする。

第10条　知的所有権

1. 本契約に基づくホームページの作成に必要なデータ、スクリプト等の一切の作成物（以下「作成物」という）に関する所有権は乙に帰属する。甲が提出した仕様書、テキスト原稿、画像等に関する所有権は甲に帰属する。
2. 作成途中に作成案等の用途に使用して、納品物として採用されなかった作成物に関する所有権及び使用権は乙に帰属する。
3. 乙は、甲が作成物をインターネット上に公開する目的で使用することを許諾する。
4. 乙は、甲が作成物をインターネット上に公開またはコンテンツの維持の目的で改変することを許諾する。
5. 甲が作成物を上記3の目的以外で使用する場合には乙の許可を得なければならない。この場合、乙は甲に対して、乙が使用を許可する時点で提示した著作権料を請求することができる。
6. 乙は、作成物を自らが作成したものであると公開することができる。
7. 甲は、乙の文書による同意なしに上記2および3で定める作成物の使用権、改変権を第三者に譲渡、移転、またはその他の処分を行うことはできない。

第11条　申込後の取消、修正、解約

1. 甲が、乙によるホームページの作成開始後に申込の取消を行う場合、甲は、乙が合理的な根拠に基づいて計算した作成途中までの作業料金及び乙が本契約の遂行のために負担した実費をすみやかに支払う。
2. 甲が、申込後に仕様の修正を行う場合、乙は再見積を提出することができる。見積の内容で合意できない場合は、甲は上記1の取消と同様の条件によって計算した金額を支払い、契約を解除することができる。
3. 甲が本契約を解約した際、ホームページの掲載は停止し、その後は本契約に基づいて作成されたホームページをインターネット上で閲覧及び保存することはできない。また、甲は乙に公開されていたホームページのデータ（HTMLデータ）の提出を求めることはできない。但し、甲より提出された画像・文章のデータは乙が甲に返納する。
4. 甲が解約を希望する場合、解約日の1ヶ月前までに、乙に契約を解除する旨の書面による意思表示をする。また、この意思表示がない限り、同一の条件を持って契約は納品まで履行される。

第12条　責任制限
1. 乙は、作成物自体または作成物の使用から直接的または間接的に生じたいかなる損害についても、乙に故意または重大な過失がある場合を除いては、一切責任を負わない。また乙が責任を負う場合でも、作成代金のうち該当部分の金額を超えて責任を負わないものとする。
2. 甲は、ホームページを管理する責任を負うこととし、誤用による損害や、第三者に使用されることよって利用者が被った損害については、乙は一切の責任を負わないものとする。

第13条　禁止行為
甲及び乙は、以下に該当する行為をしないことを承諾するものとする。なお、いずれか一方が下記に反した行為を行った場合、あるいは下記に反する行為を行う恐れがあると相手方が判断した場合、相手方は、相当な期間を定めて催告の上、本契約を解除することができる。

1. 相手方または第三者の著作権その他の知的財産権を侵害しまたは侵害するおそれのある行為
2. 相手方または第三者を誹謗中傷し、または名誉を傷つけるような行為
3. 相手方または第三者の財産、プライバシーを侵害し、または侵害するおそれのある行為
4. 公序良俗に反する内容の情報、文書および図形等を他人に公開する行為
5. 法令に違反するもの、または違反するおそれのある行為
6. 利用者の会員・顧客、第三者もしくは弊社の著作権、その他の権利を侵害する行為、または侵害するおそれのある行為
7. 利用者の会員・顧客、第三者もしくは弊社の財産もしくはプライバシーを侵害または名誉毀損する行為、または侵害または名誉毀損するおそれのある行為
8. 犯罪的行為もしくは犯罪的行為に結びつく行為、またはそのおそれのある行為
9. 事実に反する、またはそのおそれのある情報を提供する行為
10. 「本サービス」の運営を妨げる行為
11. ホームページを不正に使用する行為
12. コンピューターウィルス等有害なプログラムをホームページを通じて提供する行為
13. 詐欺行為
14. 他人になりすまして、情報を送信もしくは表示する行為
15. 出会い系、ギャンブル、投資に関連する情報を配信する行為
16. その他、法令に違反する、または違反するおそれのある行為

第14条　期限の利益の喪失
甲に次の各号のいずれかに該当する事実があった場合、乙は催告することなく利用契約の解約を行い、甲は乙に対する債務の一切の期限の利益を喪失することとする。

1. 本契約に基づく作成代金の支払いを遅延したとき及び履行しないとき
2. 支払いの停止、又は破産、民事再生手続き開始、会社更生手続き開始、会社整理開始、もしくは特別清算開始の申し立てがあったとき
3. 第13条の禁止行為を行なったとき、その他本契約に違反したとき
4. 甲としての地位が失われたとき、又は不明となったとき

第15条　条項の無効
万が一、裁判所によって本契約の各条項が無効、違法または適用不能と判断された場合においても、当該条項を除く他の条項の有効性、合法性、および適用可能性には、なんらの影響や支障が生じるものではない。

第16条　準拠法
本契約に関する準拠法は、日本法とする。

第17条 有効期間
1. 本契約の有効期間は、本契約締結の日から本業務が終了するまでとする。
2. 本契約と関連することを明示した個別契約が本契約の失効時に存続している場合については、前項にかかわらず、本契約が当該個別契約の存続期間中効力を有するものとする。

第18条　問題の解決
本契約に定めのない事項について新たな問題が生じた場合、甲と乙は共に誠意を持って問題の解決に当たるものとする。

第14条　損害賠償
1. 甲又は乙の責めに帰すべき事由により本契約に定めた内容が守られず、甲又は乙が重大な損害を受けた場合、直接かつ現実に受けた通常損害の範囲内において、相手方に損害賠償を請求できるものとする。
2. 本条に基づく損害賠償の額は、甲乙協議の上、決定するものとする。

第18条　協議および管轄裁判所
1. 本契約に定めのない事項および利用契約に関して甲と乙との間で問題及び疑義を生じた場合には、法令、商習慣等によるほか甲乙協議の上、信義誠実の原則に基づき円満に解決をするものとする。
2. 本契約に関して訴訟が必要な場合は、東京地方裁判所を第一審の専属合意管轄裁判所とする。

　本契約の成立を証するため、本書２通を作成し、甲乙各記名押印のうえ、各１通を保有する。

_____ 年 _____ 月 _____ 日

（甲）
住所・所在地
　　　　　電話
氏名・名称

印

（乙）
住所・所在地　　〒150-0031 東京都渋谷区桜丘町26-1-15F
　　　　　電話　　03-6759-8986
氏名・名称　　　株式会社日本デザイン
　　　　　　　　代表取締役　大坪拓摩　　　　印

らうけれど、それを公開しないことをお互いに約束します。

　もし納品したものが別の案件で勝手に使われたら、訴訟の対象となります。この項目を入れておくことで、そのような事態が起こった時、相手を訴えることができます。

第5条　契約期間および作成期間・納期

　契約期間および作成期間、納期も定めておきましょう。

第6条　契約解除

　どちらかが契約書に記載してある条項に違反した場合、契約を解除することができるという、**いわば契約書の逃げ道**です。

　たとえば、支払期日を過ぎても料金が支払われない場合や、その他の条項に違反した場合、解除できます。

　私は、解除する際にはいきなりこちらの都合で解除するわけではなく、事前に理由と日付を通知します、という一文を親切心で入れています。

　中にはただちに契約を解除するという会社もあるので、自由に決めていただいて結構です。

第7条　作成物の納品

　納品物の確認期限についても記します。この契約書の場合は「受領後7日以内に確認してください。それまでにリテイクなどの連絡がない場合は、納品物の内容が了承されたものとみなします」という内容にしています。

　期限までに連絡がない場合は、**請求書を送付し、未払いの場合は裁判所に訴えることができます。もしこのような契約書がないと、支払ってもらえない場合、泣き寝入りとなります。**

　契約書はこうした問題を防ぐために必要なのです。

第8条　作成物の返品・再作成

修正についての規定を記載しています。特に難しい内容はありません。

第9条　通知

連絡手段について記しています。「通知は、電子メールまたは文書等、社会通念上適当と判断される通信手段により行うものとする」という一文を入れています。

もしこのような一文がないと、**たとえば「確かに狼煙で連絡しました」とか「テレパシーで通知しました」と言われてしまったら、こちらとしては打つ手がなくなるからです。**

あなたは「いくらなんでもそんな人はいないだろう」と思うでしょうが、世の中には一般人には想像もつかないような悪意を持った人も実在します。あらゆるリスクを排除するためにこのような一文を入れることが必要なのです。

第10条　知的所有権

コーチ、コンサルティング、クリエイティブ系の仕事の場合は、知的財産制作物の所有権がどちらにあるかを明記します。

また、納品物の使用権についても明記しています。**これを入れておかないと、勝手に他社に譲渡したり、子会社で展開されたりするリスクがある**ので、それを防ぐために明記します。

第11条　申込後の取消、修正、解約

申込後の解約についての規約です。もしホームページの制作途中でクライアントから、「やっぱり必要なくなったから契約を解除したい」と言われた時、合理的な根拠に基づいて計算した、作成途中までの料金を支払ってくださいと請求することができます。

この条項を入れておかないと、第7条と同じく、**制作途中でキャンセルされて支払ってもらえなくても泣き寝入りするしかない**ので、入れておきましょう。

第12条　責任制限

納品物によって生じたトラブルの責任についても記載します。たとえば、納品したホームページが公開後にSNSで炎上した場合、クライアントからデザイナーの責任だと言われる可能性があります。それを防ぐための条項です。

第13条　禁止行為

名誉を傷つける行為や知的財産権の侵害、プライバシーの侵害などの禁止行為について明記します。

また、最近は反社会的勢力との付き合いはないことや、交流を禁ずるという一文を入れることが増えているので、**入れておいた方が無難**でしょう。

第14条　期限の利益の喪失

一定の条件下で契約を解除し、期限の利益を喪失することを規定します。たとえば、クライアントが倒産や民事再生手続きを開始した場合です。

余談ですが、起業した会社のうちの8～9割が10年以内に倒産し、同時に次々と新しい会社が生まれています。

私がデザイナー含め、クリエイターの仕事はなくならないと言っている根拠の一つがこれで、企業の新陳代謝がすごく激しいのです。

当然新しく設立された会社にはクリエイターがいないので、常に案件は市場に出回り、クライアントに困ることはないでしょう。

第15条　条項の無効

　契約書に定められた特定の条項が法的に無効であること、あるいはその効力が否定されることを明記します。法律や規制に違反していたり、社会的に不公平であったりする場合に発生する可能性があります。

第16条　準拠法

　この契約書は日本の法律に準拠するということを書いています。

第17条　有効期間

　この契約がいつまで有効かを明記します。一般的には制作期間を有効期間とします。

　サブスクリプション契約の場合は、有効期間を1年間とした場合、「期限が切れる1か月前後に解約予告がない場合は継続する」などと記載します。

第18条　問題の解決

　「本契約に定めのない事項について新たな問題が生じた場合、甲と乙は共に誠意を持って問題の解決に当たる」と記載します。これも一般的な約束事として明記します。

第19条　損害賠償

　もし損害が発生した場合は損害賠償請求を行いますが、その額は「甲乙協議の上、決定する」とします。最近は「発注額や契約金額を超えないように設定する」という一文を追加するケースが多いようです。

第20条　協議および管轄裁判所

　一応、訴訟に発展した場合に備えて、管轄裁判所も明記します。これを記載しないと、相手の地域で裁判を行うことになる可能性がありま

す。

　もし自分が福岡に住んでいて相手が網走だった場合、網走まで行かなくてはいけなくなるかもしれません。無駄な出費と労力を防ぐために契約書に明記しておきましょう。

▶ 割印の取り扱い

　契約書は、甲と乙がそれぞれ1通ずつ保有します。割印は、複数部作成されたことを証明するために用いられます。

　たとえば、**契約書が2部の場合はクライアントの分と自分の分を少しずらして1つのハンコを押し、3部の場合はさらに3人分の契約書をずらして3部に1つのハンコがかかるようにします。**

　これで契約書の内容に双方が合意したということが法的に保証されるので、クライアントが何らかの規定に違反した場合はきちんとした法律のもと、解決に進めることができるのです。

　私の場合は、法的に正確でありながら、なるべくクライアントに優しい契約書を作成していますが、最悪の事態となった場合はいつでも訴訟できるようにしています。

　企業ポリシーによって契約書の厳しさは異なります。**厳しい契約書が送られてきた場合は、こちらも条件を見直す**ことがあります。

　契約書の内容に基づいて法律が運用されるため、自分を守るために慎重に作成しましょう。

7-5

サブスクの契約書

　毎月一定額をいただいてサービスを提供する、今どきの言葉で言うとサブスク系の案件の契約書も基本的には同じなのですが、違う点もあるので紹介します。

　この契約書は、ある治療院のホームページのデザインと更新などの運用を月額5万円で提供していた時のものです。

第2条　内容及び方法

　一番違うのはここです。単発の案件よりも業務内容がかなり増えています。

・ホームページのデザイン
・WordPressによるコンテンツ更新システムの組み込みと貸与
・アクセス解析のアカウント作成と組み込み
・サーバードメインの取得設定代行
・メールアドレス2種類までの対応
・システム運用に関する相談やサポート

　これらの多岐にわたるサービスを月額3万円で提供していました。提供方法も増えています。

　まずコンテンツ管理システムのログインに必要なIDとパスワードを貸与しました。

　メールアドレスの利用に必要な情報は、Gmailやメーラーなどがクラ

第7章　クライアントワークが連続受注の肝

247

ホームページ作成業務委託契約書

_____（以下「甲」という。）と株式会社日本デザイン（以下「乙」という。）とは、次のとおり契約を締結する。

第1条　目的
1. 甲の事業運営のため、甲は乙の有するコンテンツ更新システムを含むホームページ作成業務(以下「本業務」という)を乙に委託し、乙はこれを受託する。
2. 甲は、乙が本業務を遂行するに際して、必要な協力を行う。

第2条　内容及び方法
1. 乙の提供する本業務の内容
    (1) ホームページのデザイン
    (2) コンテンツ更新システムの組み込み並びに貸与
    (3) アクセス解析（Google Analytics）のアカウント作成並びに組み込み
    (4) サーバー、ドメインの取得・設定の代行
    (5) メールアドレス（2種類まで）の貸与
    (6) システム運用に関する相談およびサポート

2. 乙の甲に対する本業務の提供方法
    (1) コンテンツ管理システムのログインに必要なIDとPasswordの貸与
    (2) メールアドレスの利用のために必要な情報
    (3) 電話による相談およびサポートは、回数を無制限とし、乙指定の営業時間内において、1回につき10分までとする。
    (4) メールによる相談は、回数を無制限とし、甲乙ともに3営業日以内に返信するものとする。

第3条　報酬および支払方法
1. 乙が甲に対して提供する本業務の報酬として、月額報酬を支払う。
2. 月額報酬は、通常30,000円とする。別途オプションを追加で委託する場合は、その料金を加算した金額とする。
3. 甲は、月額報酬を乙の提示する方法にて、前月末日までに支払う。振込に要する手数料その他の費用は、甲の負担とする。
4. 前項の支払いが遅延した場合，甲は乙に対し遅延損害金として振込金額の年率15％を支払わなければならない。また、通常の支払いがされず、徴収の当り発生した委託費用は、乙が一時立て替えを行い、後日甲が全額に手数料として年率15％を加算した額を支払うものとする。
5. 契約期間中であっても、甲が乙に対して契約内容を逸脱する相談並びにサポートまたは行為を求めることにより、乙が本条に定める費用が不合理だと判断した場合には、乙は、甲に対し、費用の変更もしくは別途費用の請求を行うことができる。
6. 甲が乙に対して後述の契約期間内に解約の意思を申し出た場合、契約の有効期限のうちは、月額報酬は満額払うこととする。ただし、残りの期間分の報酬を一括で支払う場合は、1ヶ月当り10,000円で清算することができる。

第4条　守秘義務
1. 甲は、乙の提供内容つき、乙の書面による許可なくして、出版、講演、電子メディアによる配信等又はその他の方法により、一般公開してはならない。

2. 乙は、本契約期間中、本契約終了後であるかを問わず、甲の事業に関する他、甲の依頼する業務の処理上知りえた秘密を保持し、一般公開されている情報を除き、甲の許可なくして第三者に開示しないこととする。

第5条　契約期間および作成期間・納期
1. この契約の有効期間は本契約締結日から２年間とし、契約期間満了の１ヶ月前までに甲または乙の申し出がないときは、さらに１年間更新され、その後も同様とする。
2. 甲からの指示により、業務内容に変更があった場合、あらかじめ伝えた作成期間、納期は無効とし、改めて両者協議の上で定める。
3. 契約の開始月より早く、甲が広告の掲載を行う等、ホームページ上の営業を開始した場合は、上記の契約開始月までの日数を計算し、契約期間に加算するものとする。

第6条　契約解除
乙は、甲が次のいずれかに該当する場合は、本サービスの利用を停止することができる。

1. 本契約のいずれかの条項に違反した場合
2. 支払期日を経過してもなお利用料金を支払わない場合
   消費者庁の定める「特定電子メールの送信等に関するガイドライン（ http://www.caa.go.jp/trade/pdf/110831kouhyou_2.pdf) 」に違反する電子メール配信があった場合
3. 消費者庁より、ガイドライン違反の警告が入った場合
4. その他、本規約に違反した場合

弊社は、前項の規定により本サービスの利用停止をするときは、あらかじめその理由、利用停止をする日及び期間を利用者に通知します。ただし緊急時やむを得ない場合、通知・催告をすることなく直ちに利用契約を解除することができるものとする。

第7条　作成物の納品
1. 乙が甲に作成物の納品を行う前に、甲はインターネット上にて作成物の確認をするものとする。作成物確認依頼の案内は、電子メール等の手段によって通知する。
2. 甲は、作成物の確認依頼通知を受領後すみやかに、その内容の確認を行うものとする。甲からの乙への確認通知は上記確認依頼通知への返信メール、または文書等により行う。確認依頼通知の受領後7日以内に乙宛への連絡が無い場合は、確認依頼通知の送信日に、甲により作成物の内容が承認されたものとする。
3. 甲は、貸与されたログインIDおよびパスワードを管理する

第8条　作成物の返品・再作成
1. 納品物が本契約で提示した仕様を満たさない場合、それが乙の故意または重大な過失に帰するものである場合に限り、乙の負担にて再作成を行う。
2. 納品物が本契約で提示した仕様を満たさない場合のうち、甲の作成目的を大幅に阻害するものである場合、両者協議の上返品することができる。この場合、手付け金は返金しない。また、手付け金とは別に、甲は乙が本契約の遂行のために負担した実費（素材集の購入・素材画像の撮影費用等）を負担する。
3. 甲が乙に提示した情報または指示の誤りに起因して再作成を行うこととなった場合には、予め定めた作成料金のほかに、甲は乙に、乙が合理的な根拠に基づいて計算した追加料金を支払う。
4. 画像スキャンは、デジタルデータ化された画像の発色や鮮明度等に原稿と多少の差異が生じる場合があるが、これは乙の責任範囲外とする。

第7章　クライアントワークが連続受注の肝

第9条　通知

1. 一方から他方への通知は、電子メールまたは文書等、社会通念上適当と判断される通信手段により行うものとする。
2. 前項の規定に基づき通知を電子メールにより行う場合には、当該通知はインターネット上に配信された時に配信されたものとする。
3. ただし、本契約を変更または解除する必要が生じた場合には、前項の規定にかかわらず、文書により通知するものとする。

第10条　知的所有権

1. 本契約に基づくホームページの作成に必要なデータ、スクリプト等の一切の作成物（以下「作成物」という）に関する所有権は乙に帰属する。甲が提出した仕様書、テキスト原稿、画像等に関する所有権は甲に帰属する。
2. 作成途中に作成案等の用途に使用して、納品物として採用されなかった作成物に関する所有権及び使用権は乙に帰属する。
3. 乙は、甲が作成物をインターネット上に公開する目的で使用することを許諾する。
4. 乙は、甲が作成物をインターネット上に公開またはコンテンツの維持の目的で改変することを許諾する。
5. 甲が作成物を上記3の目的以外で使用する場合には乙の許可を得なければならない。この場合、乙は甲に対して、乙が使用を許可する時点で提示した著作権料を請求することができる。
6. 乙は、作成物を自らが作成したものであると公開することができる。
7. 甲は、乙の文書による同意なしに上記2および3で定める作成物の使用権、改変権を第三者に譲渡、移転、またはその他の処分を行うことはできない。

第11条　申込後の取消、修正、解約

1. 甲が、乙によるホームページの作成開始後に申込の取消を行う場合、甲は、乙が合理的な根拠に基づいて計算した作成途中までの作業料金及び乙が本契約の遂行のために負担した実費をすみやかに支払う。
2. 甲が、申込後に仕様の修正を行う場合、乙は再見積を提出することができる。見積の内容で合意できない場合は、甲は上記1の取消と同様の条件によって計算した金額を支払い、契約を解除することができる。
3. 甲が本契約を解約した際、コンテンツ管理システムのアカウントは停止し、その後は本契約に基づいて作成されたホームページをインターネット上で閲覧及び保存することはできない。また、甲は乙に公開されていたホームページのデータ（HTMLデータ）の提出を求めることはできない。但し、甲より提出された画像・文章のデータは乙が甲に返納する。
4. 甲が解約を希望する場合、解約日の1ヶ月前までに、乙に契約を更新しない旨の書面による意思表示をする。また、この意思表示がない限り、同一の条件を持って自動更新され、以降も同様の取り扱いとする。

第12条　責任制限

1. 乙は、作成物自体または作成物の使用から直接的または間接的に生じたいかなる損害についても、乙に故意または重大な過失がある場合を除いては、一切責任を負わない。また乙が責任を負う場合でも、作成代金のうち該当部分の金額を超えて責任を負わないものとする。
2. 甲は、ログインIDおよびパスワードを管理する責任を負うこととし、利用者IDおよびパスワードの誤用による損害や、第三者に使用されることよって利用者が被った損害については、乙は一切の責任を負わないものとする。

第13条　禁止行為

甲及び乙は、以下に該当する行為をしないことを承諾するものとする。なお、いずれか一方が下記に反した行為を行った場合、あるいは下記に反する行為を行う恐れがあると相手方が判断した場合、相手方は、相当な期間を定めて催告の上、本契約を解除することができる。

1. 相手方または第三者の著作権その他の知的財産権を侵害しまたは侵害するおそれのある行為
2. 相手方または第三者を誹謗中傷し、または名誉を傷つけるような行為
3. 相手方または第三者の財産、プライバシーを侵害し、または侵害するおそれのある行為
4. 公序良俗に反する内容の情報、文書および図形等を他人に公開する行為
5. 法令に違反するもの、または違反するおそれのある行為
6. 利用者の会員・顧客、第三者もしくは弊社の著作権、その他の権利を侵害する行為、または侵害するおそれのある行為
7. 利用者の会員・顧客、第三者もしくは弊社の財産もしくはプライバシーを侵害または名誉毀損する行為、または侵害または名誉毀損するおそれのある行為
8. 犯罪的行為もしくは犯罪的行為に結びつく行為、またはそのおそれのある行為
9. 事実に反する、またはそのおそれのある情報を提供する行為
10. 「本サービス」の運営を妨げる行為
11. ログイン名及びパスワード等を不正に使用する行為
12. コンピューターウィルス等有害なプログラムを本サービスを通じて、または本サービスに関連して使用し、もしくは提供する行為
13. 詐欺行為
14. 他人になりすまして、情報を送信もしくは表示する行為
15. 出会い系、ギャンブル、投資に関連するメールを配信する行為
16. メール受信者から当該メールの送信の中止を要求された後も、送信を継続し続ける行為
17. いわゆるスパムメールまたは迷惑メールとされる不特定多数人に対し、受信者の承諾なく広告、宣伝、勧誘等のメールを送信する行為または疑わしき行為
18. 購入したメールアドレスをオプトインしたものとして送信する行為。ただし、弊社が確認したものは上記の該当から外すものとする
19. その他、法令に違反する、または違反するおそれのある行為

第14条　期限の利益の喪失

甲に次の各号のいずれかに該当する事実があった場合、乙は催告することなく利用契約の解約を行い、甲は乙に対する債務の一切の期限の利益を喪失することとする。

1. 相手方に対する背信行為があったとき
2. 乙の信用を著しく失墜させたとき
3. 本契約に基づく作成代金の支払いを遅延したとき及び履行しないとき
4. 支払いの停止、又は破産、民事再生手続き開始、会社更生手続き開始、会社整理開始、もしくは特別清算開始の申し立てがあったとき
5. 手形又は小切手が不渡りとなったとき
6. 本契約書内の禁止行為を行なったとき、その他本契約に違反したとき
7. 甲としての地位が失われたとき、又は不明となったとき
8. その他財産状態が著しく悪化し、又はそのおそれがあると認められる相当の事由があるとき

第15条　暴力団排除

1. 乙は、甲に対し、本件契約時において、乙（乙が法人の場合は、代表者、役員、または実質的に契約を

支配する者を含む）が暴力団、暴力団員、暴力団準構成員、暴力団員でなくなったときから5年を経過しない者、暴力団関係企業、総会屋、政治活動・宗教活動・社会運動標榜ゴロ、特殊知能暴力集団等の反社会的勢力（以下「反社会的勢力」という。）に該当しないことを表明し、かつ将来にわたっても該当しないことを確約する。

2. 乙は、甲が前項に該当するか否かを判定するために調査を要すると判断した場合、甲の求めに応じてその調査に協力し、これに必要と甲が判断する資料を提出しなければならない。

3. 乙は、甲が反社会的勢力に属すると判明した場合、催告その他の手続きを要することなく、本件契約を即時解除することができる。

4. 乙が、前項の規定により、本件契約を解除した場合には、乙はこれによる甲の損害を賠償する責を負わない。

5. 本件契約を解除した場合、乙から甲に対する損害賠償請求を妨げない。

第16条　免責事項

甲は、システムメンテナンス、採算の悪化等による廃業その他の事情により本件サービスの運営を中断または停止することができ、当該中断または停止に関し、何らの責任も負わないものとする。

第17条　苦情処理

1. 甲の責めに帰すべき事由により第三者より苦情等が発生した場合には、乙の指示に従いこれらの苦情対応等を甲の責任と費用負担にて行うものとし、乙に何ら迷惑をかけないものとする。また、甲は、自ら当該対応を行った場合、すみやかに苦情の内容及び対応の内容を乙に報告するものとする。

2. 乙が甲に代わり前項の苦情への対応を行った場合、甲は乙の請求に基づき対応のために要した費用相当額を直ちに乙に支払うものとする。

第18条　損害賠償

1. 甲又は乙の責めに帰すべき事由により本契約に定めた内容が守られず、甲又は乙が重大な損害を受けた場合、直接かつ現実に受けた通常損害の範囲内において、相手方に損害賠償を請求できるものとする。

2. 本条に基づく損害賠償の額は、甲乙協議の上、決定するものとする。

第19条　競業禁止

甲は、本契約の有効期間中及び本契約終了後2年間、乙の事業と同種又は類似の事業を自ら行い、又は第三者に行わせてはならない。

第20条　不可抗力条項

天災地変、戦争、暴動、内乱、テロ、輸送機関、通信回線の事故、その他当事者の責めに帰すことができない不可抗力による本契約の全部又は一部の履行遅滞又は履行不能について、当事者は責任を負わない。

第21条　分離可能条項

本約款の条項のいずれかが管轄権を有する裁判所によって違法又は無効であると判断された場合であっても、当該条項以外の本契約の効力は影響を受けない。

第22条　有効期間

1. 本契約の有効期間は、本契約締結の日から本業務が終了するまでとする。

2. 本契約と関連することを明示した個別契約が本契約の失効時に存続している場合については、前項にかかわらず、本契約が当該個別契約の存続期間中効力を有するものとする。

第23条　問題の解決

本契約に定めのない事項について新たな問題が生じた場合、甲と乙は共に誠意を持って問題の解決に当たるものとする。

第24条　協議および管轄裁判所
1.　本契約に定めのない事項および利用契約に関して甲と乙との間で問題及び疑義を生じた場合には、法令、商習慣等によるほか甲乙協議の上、信義誠実の原則に基づき円満に解決をするものとする。
2.　本契約に関して訴訟が必要な場合は、東京簡易裁判所又は東京地方裁判所を第一審の専属合意管轄裁判所とする。

第25条　準拠法
本契約に関する準拠法は、日本法とする。

　本契約の成立を証するため、本書２通を作成し、甲乙各記名押印のうえ、各１通を保有する。

＿＿＿＿＿ 年 ＿＿＿ 月 ＿＿＿ 日

（甲）
住所・所在地
　　　　電話
氏名・名称

　　　　　　　　　　　　　　　　　　　　　　　　　　　　印

（乙）
住所・所在地　　〒150-0031 東京都渋谷区桜丘町26-1-15F
　　　　電話　　03-6759-8986
氏名・名称　　株式会社日本デザイン
　　　　　　　代表取締役　大坪拓摩　　　　　　　　　印

イアントによって違うので、それぞれに必要な情報を提供しました。

1回限りの納品とは違って**サブスクの場合は解約になるまでサービスを提供し続けるので、サポートに関する条項が必要**となります。

この案件の場合は、電話による相談やサポートは回数無制限で、営業時間内であれば1回につき10分まで対応するとしました。

このように細かいところまで決めますが、電話が10分を超えたからといってすぐに終了することはありません。クライアントに対してある程度は柔軟な対応を心がけた方がよいでしょう。

第3条　報酬および支払方法

報酬支払方法も単発案件と大きく違う点です。

月額報酬の場合、「**提供するサービス内容の報酬として、基本料金、月額〇〇円を頂戴いたします**」という内容を記載します。

また、クライアントは定額内のサービス以上のサービスを求めることが往々にしてあるので、「提供する基本サービス以外のサービスを依頼したい場合は、オプションとしてその都度別途料金が加算されます」という内容を追記します。

この時、**オプションごとに細かく料金設定すると、契約書を毎回書き直すことになりますし、料金を間違えるリスクもあります。**

ですので、契約書には基本的に変更にならないことをフォーマットとして記載して、オプションなど変更が生じそうなことは、こちらで指定しますと記載した別紙を用意します。これが契約の基本ルールです。

支払いサイトに関しては、「**前月末日までに振り込んでいただき、その際に必要な振り込み手数料などの費用は負担していただきます**」という内容を記載します。

支払いが遅れた場合には、利息が発生する旨と年率も記載します。

また、サブスク型や分割型の契約では、クライアントの都合で途中解約の可能性もあるので、クライアントのために、1か月あたりの清算金

額を設定して、途中解約できるようにしています。

　この契約の場合は、契約期間の途中で解約しても、月額3万円だからと残りの月数分×3万円で請求するのは酷というものなので、残りの期間の報酬を一括で支払う場合は1か月あたり1万円で清算できるようにしています。

第5条　契約期間および作成期間・納期

　契約の有効期間について記載します。たとえばこの契約書では、「この契約の有効期間は契約締結日から2年間とし、更新を希望しない場合は、契約満了の1か月前に申請しないと、その後1年間更新される」という内容を記載しています。

第6条　契約解除

　「消費者庁の定める『特定電子メールの送信等に関するガイドライン』に違反する電子メール配信があった場合」という一文を入れているのは、次の理由からです。

　この案件は、当社でサーバーを契約して、**クライアントにメールアドレスを貸与したり、その中でクライアントのホームページを作ったりするという形なので、このクライアントがメールで違法な動画などを送ると、サーバー内に入っている他のクライアントも停止します。**そうなったら困るので、一応この一文を入れています。

第8条　作成物の返品・再作成

　この案件は、治療院のホームページ制作と運用なので、治療院からお客様の写真や感想などを支給してもらうことがあります。

　今はほぼありませんが、写真をプリントした紙で支給される場合、こちらでスキャンする必要があります。それをホームページに掲載した時、元のプリントと色味が違うと言われる可能性があります。

そのようなクレームの対策として、「画像のスキャンについては、デジタルデータ化された画像の色味や鮮明度と現行に多少の差異が生じることがありますが、当方の責任範囲外とします」ということを明記しています。

▶ 自分の身を守るために

繰り返しになりますが、契約書とは自分の身を守るために作成するものなので、作成する際は、サービスを提供するに当たって想定しうるリスクをすべて洗い出し、そのすべてに予防線を張っておくことが肝要です。

ここまでは私の責任ですが、これ以上は私の責任ではありませんという責任の線引きを明確にしておきましょう。

なぜここまでしつこく言うかというと、**フリーランスは社会的に最も弱い立場**だからです。一般消費者は何かを購入して損害を被った場合、消費者相談センターなどに駆け込めば助けてくれますが、**フリーランスにはそのような支援機関も制度もほとんどありません。**

フリーランスは事業者に近い存在と見なされるため、中途半端な立場で保護されにくいのです。

そのため、自分の身は自身で守るしかないのですが、法的に弱い立場ですし、法律の知識も足りないので、契約書で細かいところまでしっかり予防線を張ることが必要なのです。

これを怠ると、大規模案件が取れて喜んでいる中、突然言いがかりに近い訴訟を起こされて大きな損害を被ることになりかねません。

フリーランスとして生き抜くためには、契約書をしっかりと作成し、法的な知識を身につけることが大切なのです。

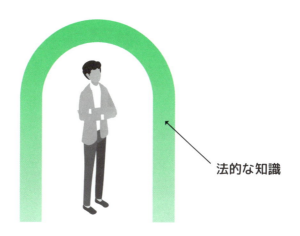

法的な知識

フリーランスは無防備なので自分で身を守ろう

足元を見て過大な要求をしたり、横柄な態度を取ってくるクライアントも存在します。自分を守るためにも、フリーランスは最低限の法律知識を身につけておくことが必要です。
契約書の内容や労働基準法など、基本的な法律を理解しておくことで、トラブルを避けやすくなります。

7-6

秘密情報と秘密保持契約書

次に、秘密保持契約書について説明します。秘密保持契約書は、ビジネスの取引や提携において秘密情報を保護するために締結される契約で、十数年前はあまり交わさなかったですが、ここ数年は契約時もしくは契約前から交わすのが一般的になっています。

▶ 秘密保持契約書の重要性

秘密保持契約書は、次のような理由から重要です。

- **ビジネスの信頼性確保**：クライアントやパートナーとの信頼関係を築くために、情報の保護が重要です。
- **知的財産の保護**：技術やノウハウなどの知的財産が第三者に漏れることを防ぎます。
- **法的保護**：秘密情報が漏洩した場合、法的手段を講じるための根拠となります。

秘密保持契約書は、ビジネスにおける重要な情報を保護し、安心して取引や提携を進めるための基本的なツールです。**この契約により、当事者間で共有される秘密情報が第三者に漏れないようにすることが義務付けられます。**

たとえば、ホームページの新規構築やリニューアル案件の契約をする際、現在のホームページのアクセスデータなど、クライアントの情報をもらうことがあります。これらのデータは、わかる人が見たら売上高

など、クライアントにとって重要な秘密情報がわかってしまいます。

これらのデータが漏洩したらクライアントにとって大損害となるので、**「ビジネス上知り得た秘密情報は漏らしません」と約束し、もしトラブルなどで漏洩してしまった場合に備えて罰則を規定します。**

当社の社員にも注意していますが、クライアントの情報は、家族に話すことも NG です。訴訟の原因になるリスクがあるからです。

まず、これらを理解した上で、秘密保持契約書の主な内容について、解説します。

第 1 条　秘密情報等
秘密情報の定義

まず、どの情報が秘密情報に該当するかを明確に定義します。代表的なものに、技術情報、営業情報、顧客情報、財務情報などがあります。

秘密情報は、秘密である旨を「秘密」「機密」「コンフィデンシャル」などの表記で明示する必要があります。

クライアントから支給されるデータはすべて「秘密」等の表記があるかどうかチェックしなければなりません。もしこの表記がない場合は要注意。秘密情報である旨を記すようにお願いしましょう。

本来は表に出しても問題ない情報でも、もし「秘密」と明記されているものを公開したら、クライアントから秘密保持契約違反として訴えられる可能性があります。たとえば、クライアントの社名や住所を公開しただけで、それは秘密情報だと言いがかりをつけられ、訴えると言われることもあるのです。

常識のある人は「そんなのめちゃくちゃだ」と思うでしょうが、**訴訟とはそのような何でもありのフィールド**なのです。訴訟は自由にできるので、勝つためではなく、相手の戦意を削ぐための手段として使う企業もあります。たとえば、**ライバル店の商売を妨害する目的で、言いがかりとしか思えないような訴訟を何度もしてくる企業もあります。**

秘密情報等保持契約書

_____（以下「甲」という。）と株式会社日本デザイン（以下「乙」という。）とは、秘密情報等を保護するため、以下のとおり合意する。

第1条　秘密情報等

1. 本契約の対象とする情報は、秘密情報及び個人情報（以下、秘密情報等という）とする。
2. 秘密情報とは、甲及び乙が相手方から提供された情報及び本件業務に関連する情報であって、営業上、技術上、財産上、その他有益な情報及び秘密とされるべき情報のうち次の各号のいずれかに該当するものをいう。
   (1) 秘密である旨を「秘密」「機密」または「Confidential」等の表記によって明示してあるもの
   (2) 口頭で開示された情報等については開示の時点において秘密であることを明言し、かつ、開示後2週間以内に開示者が「秘密」「機密」または「Confidential」と明示した文書により内容が確認できるもの
   (3) 電子的・磁気的方法その他で提供または開示された秘密については、開示後2週間以内に開示者が「秘密」「機密」または「Confidential」と明示した文書により内容が確認できるもの
3. 前項の規定にかかわらず、次の各号の情報については、本契約における秘密情報から除外する。
   (1) 開示時にすでに受領者が正当に保持していた情報
   (2) 受領者が受領したとき、すでに公知であった情報
   (3) 受領者が受領した後、受領者の責めに帰すべき事由によらず公知となった情報
   (4) 受領者が正当な権限を有する第三者から守秘義務を伴わず入手した情報
   (5) 秘密情報を利用することなく独自に開発した情報
   (6) 開示者が書面によって事前に承諾した情報（但し、当該書面によって特定されている情報に限る）
4. 個人情報とは、甲及び乙が相手方に対して提供する情報及び本件業務に関して、相手方が知ることになった開示者に関連する情報のうち、個人に関する情報であって、当該情報に含まれる氏名、生年月日、識別番号、記号、符号、画像、音声、その他の記述等により特定の個人を識別できるもの（当該情報だけでは識別ができない場合であっても、他の情報と容易に照合することができ、これにより特定の個人を識別することができることとなるものを含む）並びに法令によって「個人情報」としての規制あるいは保護を受ける情報をいう。

第2条　秘密情報等保持義務

1. 甲及び乙は、秘密情報等について、厳重に秘密を保持するものとし、第三者に開示あるいは漏洩し、また、本件業務の目的以外の目的のために使用してはならない。

第3条　秘密情報等の管理

1. 甲及び乙は、善良な管理者の注意義務を用いて秘密情報等を管理し、秘密情報等を保護するために、自己の秘密情報等に関して採用している予防措置をはじめ、秘密情報等の受領、利用、保管、返還、消去、廃棄、その他のすべての段階において、秘密情報等の漏洩が生じないように必要かつ適切な、合理的な予防措置を実施しなければならない。
2. 甲及び乙は、相手方による自己の秘密情報等の安全管理が図られることを確保するため、必要に応じて、相手方に秘密情報等の管理状況の報告を求め又は自ら調査することができるものとし、改善が必要であると判断した場合には、その旨を相手方に指示することができるものとする。

第4条　再委託の制限

甲及び乙は、本件業務について、相手方の書面による事前の承諾がない限り、再委託を行ってはならない。

第5条　秘密情報等の返還・消去・廃棄等

1. 甲及び乙は、以下の各号の一に該当する事由が生じた場合は、相手方の指示に従い、秘密情報等が記載ないし記録された書面、図表、記述、報告、記憶媒体等の有体物（秘密情報等がコピーされた有体物を含む）の一切を直ちに相手方に返還し、あるいは、記憶媒体の一切から消去するものとする。

(1) 時期ないし理由の如何に拘らず開示者の要請があったとき
(2) 本件業務の履行が完了し、あるいは履行不能となったとき
(3) 解除、解約、その他理由の如何に拘わらず、本件業務についての契約が終了したとき
(4) その他秘密情報等を保持する必要がなくなったとき

2. 甲及び乙は、前項によって返還あるいは消去された秘密情報等を、方法の如何を問わず、復元ないし再生してはならない。

第6条　事故時の責任

乙は、甲が次のいずれかに該当する場合は、本サービスの利用を停止することができる。

1. 甲及び乙が管理する秘密情報等について、不正アクセス、紛失、盗難、破壊、改ざん、漏洩、その他の事故が発生した場合の責任は、秘密情報等の受領者が負担する。
2. 前項の場合、受領者は、直ちに当該事故の詳細について相手方に状況を報告し、損害の発生・拡大の防止、その他当該事故に対処するための合理的な措置をとるものとする。また、相手方からの指示がある場合には当該指示に従った措置をとるものとする

第7条　損害賠償

甲及び乙は、本契約の違反、事故、その他自己の責めに帰すべき事由によって、相手方に損害を及ぼした場合には、相手方の被った直接かつ通常の損害について賠償するものとする

第8条　有効期間及び効力

本契約の有効期間は、本契約締結日から1年間とする。但し、契約期間満了の1ヶ月前までに、一方当事者より別段の書面による意思表示がなされない場合は、新たな期間を1年間として自動更新されるものとし、以後も同様とする。

第9条　協議および管轄裁判所

1. 本契約に定めのない事項および利用契約に関して甲と乙との間で問題及び疑義を生じた場合には、法令、商習慣等によるほか甲乙協議の上、信義誠実の原則に基づき円満に解決をするものとする。
2. 本契約に関して訴訟が必要な場合は、東京簡易裁判所又は東京地方裁判所を第一審の専属合意管轄裁判所とする。

　　本契約の成立を証するため、本書2通を作成し、甲乙各記名押印のうえ、各1通を保有する。

＿＿＿＿＿ 年 ＿＿＿ 月 ＿＿＿ 日

　　　　　　　　　（甲）
　　　　　　　　　住所・所在地
　　　　　　　　　　　　　電話
　　　　　　　　　氏名・名称

　　　　　　　　　　　　　　　　　　　　　　　　　　　　　印

　　　　　　　　　（乙）
　　　　　　　　　住所・所在地　　〒150-0031 東京都渋谷区桜丘町26-1-15F
　　　　　　　　　　　　　電話　　03-6759-8986
　　　　　　　　　氏名・名称　　　株式会社日本デザイン
　　　　　　　　　　　　　　　　　代表取締役　大坪拓摩　　　　　　　印

そんなのはドラマだけの世界だろうと思うかもしれませんが、現実に起こっているのです。本来、契約書とはそのようなあらゆるリスクを回避するために作るものということを肝に銘じておいてください。

逆にこちらからデータを提供する際も必ず「秘密」等の表記をする必要があります。**これを怠ると、秘密情報として該当しなくなり、もし漏洩した場合でも対処のしようがなくなります。**

秘密情報の例外

クライアントからの言いがかり訴訟を防ぐために必要なのが、秘密情報の例外に関する記述です。社名や住所など、すでに公知の情報や、受領者が独自に開発した情報など、秘密保持義務の対象外となる情報を明記します。細かいことまで、厳密に取り決めていきましょう。

個人情報の定義

個人情報保護法の制定以来、個人情報の取り扱いが厳しくなっているので、どのような情報が個人情報に当たるかを定義します。

第2条　秘密情報保持義務

秘密情報を厳重に保持し、第三者に開示・漏洩したり、業務の目的以外のために使用してはいけないという旨を記載します。

第3条　秘密情報の管理

秘密情報をどのように取り扱うべきかについて詳細に記述します。情報の管理方法やアクセス権限などが含まれます。

第4条　再委託の制限

秘密情報を特定の目的以外に使用しないことを規定します。たとえば、再委託など、提供された情報を契約範囲外で使用することを禁止し

ます。 再委託の禁止が条項に盛り込まれていたら、外部スタッフを使ったり、フリーランス仲間と一緒に仕事をする際、秘密情報を渡した瞬間アウトになるので注意しましょう。 もし、どうしても外部スタッフを使う必要がある場合は、その旨をクライアントに伝え、許可を取った上で、下請けとも秘密保持契約を結ばなければなりません。

第5条　秘密情報の返還・消去・廃棄等

契約終了後や情報の必要がなくなった場合の情報の返却または破棄方法を定めます。

第6条　事故時の責任

秘密保持義務に違反した場合の責任や罰則について記述します。 たとえば、損害賠償や契約の解除などがあります。

第7条　損害賠償

この契約書に記載してある条項に違反して相手に損害を与えた場合は損害賠償する旨を記載します。

第8条　有効期間及び効力

秘密保持契約の有効期間を定めます。 契約終了後も一定期間秘密保持義務が続くことが一般的です。

第9条　協議および管轄裁判所

契約書と同じく、訴訟に発展した場合に備えて、管轄裁判所も明記します。

駆け出しのフリーランスが自分で契約書を作るケースは多くありませんが、もし自分で作成しなければならなくなった場合は、司法書士や行政書士など、法的専門家の助言を受けることをお勧めします。

7-7 収入印紙の取り扱いと 節約方法

契約書を作成したら、すぐにクライアントに送って「サインしてください」とお願いするのは失礼にあたるので、まずは「こちらで問題ないかご確認ください」とメールで送ります。

中身を確認してもらい、問題ないという返答を得られたら、自分用と相手用の2部印刷して、契約書のところで説明した割印をします。1部は自分で署名、捺印して、「1部は署名、捺印して返送してください」と郵送します。

もしくはWeb上で契約が結べるクラウドサインのURLを送ります（詳しくは後述します）。

▶ 意外と知らない収入印紙の取り扱いについて

契約内容によっては契約書に収入印紙が必要となるケースがあります。たとえば、請負契約に該当する業務委託契約書では必要となります。

業務委託契約の内容が、特定の結果を出すことを目的としている場合、たとえば、ソフトウェア開発やデザイン制作、Webサイト制作など、完成品を納品することが契約の主たる目的である場合は収入印紙が必要です。これらの契約は「請負契約」として扱われ、印紙税法の課税文書に該当します。

契約書に貼る収入印紙の金額は、契約金額によって異なります。

- 1 万円未満：印紙税不要
- 1 万円以上、100 万円以下：200 円
- 100 万円超、200 万円以下：400 円
- 200 万円超、300 万円以下：1,000 円
- 300 万円超、500 万円以下：2,000 円

　収入印紙が必要な契約書の場合は、2 枚作ったうち、自分用の契約書に収入印紙を貼って捺印し、先方に同じく契約書に収入印紙を貼って捺印して送り返してもらうように依頼します。

　その際、こちらの宛先を記した返送用の封筒を同封するのがビジネスマナーです。契約書が先方から送られてくる場合は、同じく契約書に収入印紙を貼り、捺印して返送します。

▶ 収入印紙代を節約する方法

　ただ、なぜクライアントと契約するだけで収入印紙代として国にお金を払わなければならないのか、疑問に感じる方も多いと思います。**収入印紙代を払いたくない人はクラウドサインの利用をお勧めします。**

　クラウドサインとは、インターネット上で契約書を電子的に作成、署名、管理するためのサービスです。紙の契約書に署名する従来の方法に代わり、クラウドサインを使うと契約書の作成から署名、保存までをオンラインで完結できます。

　以下、クラウドサインの主な特徴と利点を紹介します。

- **電子署名**——契約書に対して電子署名を行うことで、紙の契約書に署名するのと同等の法的効力を持たせることができます。
- **セキュリティ**——高度なセキュリティ機能により、署名や文書の改ざ

第7章　クライアントワークが連続受注の肝

んを防止します。たとえば、タイムスタンプや暗号化技術を使用しています。

・**クラウドストレージ**——契約書をクラウド上に保存するため、どこからでもアクセス可能です。また、紙の契約書のように紛失のリスクがありません。

・**コストダウン**——収入印紙が必要ないので、収入印紙代が節約できます。

・**迅速な契約手続き**——電子署名により、契約書の送付や返送の手間が省け、契約手続きが迅速に行われます。

・**管理の効率化**——契約書の検索、閲覧、管理が容易になり、業務効率が向上します。

・**法的効力**——日本の電子署名法に基づき、適切に署名された電子契約書は紙の契約書と同じ法的効力を持ちます。

▶ **代表的なクラウドサインサービス**

・**クラウドサイン**——弁護士ドットコムが提供するサービスで、日本国内で広く利用されています。

・**Adobe Sign**——Adobeの提供する電子署名サービスで、Adobe Acrobatと連携して利用できます。

・**Docusign**——世界的に利用されている電子署名サービスで、多言語対応や多機能が特徴です。

・**GMOサイン**——GMOインターネットグループが提供する電子契約サービスで、さまざまなビジネスシーンに対応しています。

　これらのサービスの無料プランを利用すれば、収入印紙代を節約できる他、契約書を郵送する手間も省けるので、お勧めです。

7-8

放置しないのが原則
制作途中のコミュニケーション

　制作途中でクライアントと密に連絡を取ることは非常に重要です。もしクライアントからの連絡が途絶えた場合は、電話をかけて「大丈夫ですか?」と確認してみましょう。

　当社が運営するデザインスクールやビジネススクールでも、欠席が続いている受講生にはスタッフが電話をしてその理由を聞きます。「仕事が忙しくて数回出席できず、再度参加しにくくなっていた」ということであれば、「気にしなくて大丈夫ですよ。いつからでも参加してください」と声をかけると、講座に戻ってきやすくなります。

▶ 連絡が滞った時は放置しないのが原則

　これはクライアントとの関係でも同じです。確認したいことがあってクライアントに連絡してもしばらく返信がない場合、そのままにしておくと進捗が滞ってしまい、お互い困ってしまいます。

　そのような場合は、放置せずに「大丈夫ですか?」と確認の電話をしましょう。すると大体は「すみません、仕事が忙しくて」という返答が返ってくる場合が多いですが、連絡することによりクライアントの状況を知ることができ、こちらも安心できます。

　その後は「全然大丈夫ですよ。先日連絡したあの件ですが」と、案件を再開することが可能となるのです。もし、制作過程でクライアントが不満を感じていると思ったら放置せず、その都度タイムリーに解消しましょう。

第7章　クライアントワークが連続受注の肝

7-9

見積書・請求書は
シンプルで OK

　納品する前に、成果物がクライアントの要望をすべて満たしているか、チェックすることが大事です。

　特に単価が高い案件は、クライアントの満足度は重要です。些細なミスでも再度発注してくれなくなるリスクが高く、そうなると収入に大きく響くので、時間をかけて細かくチェックしましょう。

▶ 見積書・請求書はシンプルな運用で OK

　納品が完了したら、請求書を送付します。見積書で合意を取っているので、請求書に入れる項目は基本的に見積書と同じで、タイトルの「御見積書」を「御請求書」に変えて、支払条件や振込先の口座情報を追加するだけで OK です。

　見積書と請求書はこのくらいシンプルな運用で問題ありません。

　ちなみに、年間売上が 1,000 万円未満の個人事業主は消費税の納税が免除されます。この免税事業者のうちはいいのですが、課税事業者になった場合、インボイスへの登録が必要になってくるので、注意してください。

7-10

連続受注のためのアンケート

クライアントワークにおいて、次の受注につなげるため、クライアントからフィードバックを受けることは非常に重要です。**必ず納品後にアンケートを取りましょう。**

その際のポイントについて解説します。

私は他人の言葉をそのまま鵜呑みにするタイプではないため、まずはクライアントが納品物を見た時の最初のリアクションを重視します。もしクライアントが「おっ」と驚いた様子を見せたら、成功です。しかし、ノーリアクションでただ「ありがとうございます。良かったです」と言われた場合は、失敗や不満足と見なします。

その上で、クライアントに具体的に良かった点や「もっとこうしてほしかった」点についてアンケートを取ります。

次にアンケートの具体的な項目について解説します。

▶ アンケート項目

基本項目は、記入日・貴社名・担当者名・弊社担当・備考などです。最初に、次のようなメッセージを添えるとより効果的です。

「あなたの声をお聞かせください。これからもサービスの質を向上させるために、アンケートにご協力いただけないでしょうか？　あなたのご意見をお聞かせいただき、今後の活動に反映したいと考えております。良かったこと嬉しかったこと、どのような些細なこと

でも結構です。 ぜひご協力をよろしくお願いします。（できるだけ具体的にお答えいただけると助かります）」

質問項目は次の通りです。

・依頼する前にどんなことで悩んでいましたか？
・弊社のサービスを知ってすぐに発注しましたか？ そうでなければ、その理由は何ですか？
・何社から見積もりを受けていましたか？ 何が決め手で弊社に依頼しましたか？
・実際にサービスを受けてみていかがでしたか？
・今後も相談してみたいことはありますか？
・担当者の対応で良かった部分はどこですか？

　アンケートを取る際に最も重要なのは、ビフォーとアフターの比較です。 この目的は業務改善もありますが、今後の営業成約率と客単価向上のためというのが本音です。 そのために、発注の決め手となったポイントや、他社との比較ポイントなどをマーケティングデータとして収集しましょう。

　基本的に制作過程でクライアントが不満を感じていると思ったら、その都度対面で解消しているため、満足度は100％が当たり前です。

　「いいお仕事でした。 御社に依頼して良かった」という状態で、「ありがとうございます。 つきましては大変恐縮なのですが〜」という感じでアンケートを取ります。

　もし満足度が低かった場合はかなり質の悪いサービス・納品物を提供したということなので、検証して改善する必要があります。

▶ **アンケートの実施方法**

アンケートは納品時に「フォームをお送りするので、よかったらご協力ください」とお願いするだけではまず書いてくれないので、できる限り対面やリアルタイムで行うことをお勧めします。対面が難しい場合はZoomなどのオンラインツールを活用しましょう。

リアルタイムでクライアントにインタビューを行うことで、**より具体的で正直かつ有益なフィードバックを得ることができる**のです。

あらかたフィードバックをいただいた後は、「ありがとうございます。もし次回もお仕事をいただけたらその点を改善できるよう努めます」と述べます。

このようにして、**フィードバックを受けることで、自分の仕事の質をさらに向上させ、クライアントからの信用度を高め、連続受注につなげることができる**のです。

アンケートは 対面 or Zoomで

お願いします

7-11

送り状は必ずつけるべし

　ビジネス経験がない方のために、送り状について説明します。「頭紙」とも呼ばれていますが、これまで解説してきた書類を企業や取引先にFAXや郵送で送る際に、**最初に添える書類**のことです。

　一般的なビジネスマナーとして、クライアントに契約書だけを送るのは失礼にあたるので、送り状を1枚添えるのです。

▶ フリーランスだからこそ基本的なビジネスマナーが重要

　送り状には基本的に送り先の相手の社名・所属・肩書・氏名、日付、自分の屋号・氏名を記載し、次のような文面を記載します。

　「拝啓　毎々格別のお引き立てにあずかり厚くお礼申し上げます。さて、次の書類をご送付いたします。ご査収くださいますよう、よろしくお願いします。」

　「記」の下には、送付する書類のリストを番号付きで記入します。たとえば、「1.秘密保持契約書（押印済み）1部」のように具体的に書きます。送り状にこれらの内容を記載することで、相手はこの後に続く書類の内容が容易にわかります。

　稀に、丁寧な人は直筆の手紙を添えますが、通常はパソコンで作成した文書をプリントアウトした簡易版の送り状で問題ありません。

　このような送り状を添える文化を面倒に感じる人も多いかもしれませんが、**ビジネスの場では当たり前のマナー**です。

　特にフリーランスでは、こうした基本的なビジネスマナーを守ること

送り状は
ビジネスで当たり前のマナー

ができている人が少ないからこそ、これができると、**クライアントはじめ関係者からビジネスパーソンとしての信頼度が上がり、安心して仕事を任せられると思ってもらえる**でしょう。

　実際、私は20代のころにこれを常識的なマナーとして実践していたので、クライアントから高い評価を得られていました。

　逆に30代や40代でこれができないと「この人は年齢の割に何も知らないな」と評価を下げる可能性があるので、送り状を添える習慣を身につけておくことをお勧めします。

7-12 クレームや問題が起こった際の対処法

　クレームや問題が発生した場合の対応について、お話ししましょう。私は、フリーランスになってからクライアントに直接謝罪に行かなければならないような大きなミスをしたことがないのですが、もし自分がそのようなミスをしてしまった場合は、まずは**即座にクライアントに電話して謝罪する**と思います。

　その際、「直接謝罪に伺います」と言うのはあまりお勧めできません。というのは、ミスをされた側からしたら、イライラしている最中なのでそのための日程を調整することすらもわずらわしいからです。

　クライアントに電話をする際は、こちらのミスで迷惑をかけてしまったことについては誠心誠意謝るのは当然ですが、それ以外のことについては謝罪する必要はありません。

　謝罪に慣れていない人は全部自分が悪いというような謝り方をするのですが、そうすると相手の怒りがどんどん燃え上がってしまうので、**謝るべきところだけ謝るというスタンスを貫きましょう。**

　そうしないと調子に乗って、弱みに付け込んで別の案件でも値引きを要求してくる悪質なクライアントもいるからです。そんな時は絶対に応じてはいけません。「確かにこの案件のミスは私の責任なので値引きしますが、その案件とは関係がないので、値引きはいたしかねます」と毅然と断ることが重要です。

　焦る気持ちはわかりますが、経験者として言えるのは、焦る事態だからこそ焦らないでください。下手に動かず常に最適を意識しながら対処しましょう。

274

第 8 章

法人化・組織化で事業を拡大しよう

8-1 コストよりもリターンが大きい法人化のメリット

▶ お金に対する考え方の違い

これからフリーランスになる人にぜひ覚えておいていただきたいことが1つあります。お金に対する考え方は個人と法人とではまったく違うということです。

個人の場合は会社員なら給料の総額から税金や社会保険料が天引きされて、残った手取り額の中からセミナー代や交流会参加費、勉強のための書籍代、交通費などを払っていますよね。

これが**法人になると、まず法人全体の売上から経費を引いた後の差額の収益に対して課税されるため、課税対象となる範囲が会社員より少ない**のです。

同じ努力をしても手残り金額が違うなら、当然多い方を選んだ方がお得ですよね。法人化のメリットを以下に紹介します。

法人の方が課税対象となる範囲が個人より少ない

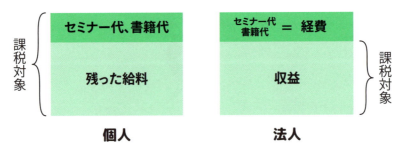

法人化のメリット

▶ 1. 経費として認められる範囲が広くなり、手取りが増える

　個人事業主では、事業に関係するものであっても税務署が経費と認めないケースが増えています。なぜなら、近年、個人事業主が急激に増加しているので、経費をごまかす悪い人がいても国が税収を確保するため、経費の認定基準や法律的な制約を厳しくしているからです。

　しかし、法人化すれば状況は大きく変わります。法人は、セミナー代や交流会参加費はもちろんのこと、家賃や通信費、光熱費などもほとんどの経費が認められるのです。法人の場合は初期費用として登記等に約20万円かかりますが、国家資格を有している税理士が法人税申告書を作成して押印していれば、国も問題なしと見なす場合が多いので、基本的に税理士がOKと判断したすべての費用が経費として認められるのです。

　たとえば、仕事のための食事代やカフェでの打ち合わせの費用も、個人事業主では経費として認めらない可能性がありますが、法人の場合はほぼ認められます。

　このように、法人化すれば、**仕事に関連する経費が認められる範囲が驚くほど広がる**のです。

▶ 2. 税務上の負担を軽減できる

　個人事業主の場合は累進課税制度が適用され、所得が増えるにつれて税率が上がり、**所得税の最高税率は45％に達します。一方、法人の場合は23.2％の法人税が所得に対して課税**されます。

　個人事業主は所得が増えると所得税率が高くなり税負担も重くなりま

第8章　法人化・組織化で事業を拡大しよう

すが、法人税率は 23.2% 以上になることはないので、法人化することで税務上の負担を軽減できる可能性があります。

さらに、**法人には 10 年間の赤字繰越システムがあり、利益が出るまで課税されません。** これは法的に認められているシステムで、税金の負担を大幅に軽減することができます。

▶ 3. 社会保障の面でも有利に

法人化すると、法人として社会保険に加入することが義務付けられます。これにより、次のような保険に加入できます。

- **健康保険**：法人の従業員として健康保険に加入することで、健康保険料の負担が軽減される場合があります。
- **厚生年金**：法人化により、厚生年金に加入できるため、将来の年金受給額が増加します。
- **雇用保険**：法人化すると、雇用保険に加入することが義務付けられます。これにより、従業員が失業した際に失業手当を受け取ることができ、従業員の生活安定に寄与します。

さらに**法人が社会保険料を負担する場合、その支出は経費として計上できるため、法人税の負担を軽減することができます。** たとえば、会社に所属していると、怪我や病気で働けなくなった場合に給与の 6 割が保障されますが、フリーランスにはそのような保障はありません。

言うまでもなく、法人は代表者も社会保険に加入できるため、健康保険や厚生年金に基づいた保障を受けることができます。これにより、個人事業主よりも安定した社会保障を享受できます。特に家族がいる場合、そのメリットと安心感は圧倒的に大きく感じるでしょう。

▶ 4.有限責任

　個人事業主は、無限責任であり、事業におけるすべての債務に対して、個人の財産をもって責任を負う必要があります。

　一方、法人化すると、**事業の負債に対して個人の資産が保護されます。**つまり、法人が負債を抱えた場合でも、代表者の資産に影響を与えにくくなる合法的なリスク回避法です。

▶ 5.信用力の向上

　個人事業主に比べ、**法人の方が社会的な信用度が高くなります。**法人でないと取引ができない企業もあるため、営業面において有利になる可能性があります。

　また、法人名義での活動は、消費者や取引先に対して信頼感を与えやすく、ブランドイメージも作りやすいです。

▶ 6. 法人の特典や助成金

　法人は**各種助成金や補助金を受け取れる場合があります。これにより、事業運営の資金負担を軽減できることがあります。**このように節税による手取り額の増加以外にも、法人化の金銭的メリットは数多くあります。

▶ コストよりもリターンの方が大きい

　設立時や毎年の会計や税務処理のために専門家に依頼しなければならないのでコストは増えますが、それを補って余りあるリターンがあるため、売上が1円もない段階でも法人化するメリットがあります。

加えて、今は国がフリーランスから正しく税金を徴収するのはものすごく手間がかかるけれど、法人からは確実に徴収できるので、法人化を勧めています。

　法人登記をする際は、司法書士や行政書士、税理士などの専門家に依頼する人の方が多いです。約20万円の費用はかかりますが、圧倒的に楽ですし、合法的な節税の方法も教えてもらえる可能性もあるからです。

　しかし、今は「freee 会社設立」や「会社設立ひとりでできるもん」という非常に便利なサイトがあります。法人登記について勉強する必要がなく、フォームに入力していけばいいだけです。簡単かつ安価なので、費用を節約したい人はこちらを利用して自力での法人登記をお勧めします。

▶ 法人化するタイミングは？

　フリーランスとして活動を続けていくと、いずれは法人化について考える時が来るでしょう。

　以前は、月の収入が100万円、もしくは年間の収入が900万円を超える場合は、法人化した方が効率的だと思っていましたが、今はフリーランスとして活動している方や法人化を考えている方には、たとえ赤字でもできるだけ早い法人化を強く勧めています。私自身もフリーランスになってから1年半ほどで法人化しました。

　私としては、これまでの経験で、個人事業主のリスクが非常に大きく、法人のメリットがとてつもなく大きいことが身にしみてわかったので、金銭面だけでなく、保障面でも法人化を推奨します。

なるべく早く登記しよう

▶ 法人登記をする際の注意点

　最近の私の手痛い経験からお伝えしたいのですが、法人登記する際、注意していただきたい点が１つあります。**法人の役務内容を書く欄には実績のある事業のみを書いた方がいい**ということです。

　法人用の銀行口座を作る際、すべての役務に対してエビデンスの提出を求められるからです。私はデザインに加えて、これからコンサルティングもやりたかったので、コンサルティングと付け加えたところ、銀行の担当者からコンサルティングの取引の履歴を出してくださいと言われました。当然実績はなかったので、新規で口座開設ができなかったのです。

　逆に、法人登記して銀行口座を作った後は、役務内容は自由に変更可能です。ですから、口座を作るまでは余計なことは書かず、現在行っている事業のみを書きましょう。

　これもネット検索しても出てこないものの、知らないと後悔する大切な準備のひとつです。

8-2 従業員を雇って組織化するポイント

　受注数が増えたり、事業規模が拡大したりして、自分一人では事業が回せなくなった個人事業主は、従業員を雇って組織化します。

　また、最初から大きなビジョンがあり、ある程度の資金があれば、組織化はマストです。組織化することによって、事業の規模をさらに拡大し、より安定的な経営を目指せる一方で、新たな課題も発生します。組織化のメリットとデメリットをそれぞれ解説します。

▶ メリット

ビジョン実現の可能性がアップ

・一人でできることはたかが知れています。仲間が増えれば増えるほど、思い描いているビジョンを実現できる可能性が高まります。

業務の効率化と専門性の強化

・複数の従業員を雇用することで、得意な分野ごとに業務を分担し、効率的に作業を進めることができます。

・専門性の高い従業員を雇用することで、事業の質の向上や新たなサービスの展開も期待できます。

事業拡大の可能性

・人手が確保されることで、より多くの案件に対応でき、事業を拡大する可能性が広がります。

経営者の負担軽減

・業務の一部を従業員に委託することで、経営者はより戦略的な業務に集中することができます。

仕事が楽しくなる

・同じビジョンを共有する仲間が増えることで、仕事がより楽しく、面白くなります。

企業としての信頼性向上

・従業員を雇用することで、企業としての規模感が増し、取引先からの信頼度も向上する可能性があります。

▶ デメリット

人件費の増加

・従業員の給与、社会保険料、福利厚生費など、人件費は大きな負担になります。

雇用に関する手続きや管理の煩雑化

・雇用契約、社会保険の手続き、労務管理など、新たな事務作業が増えます。

労務トラブルのリスク

・従業員が言うことを聞いてくれない、思う通りに働いてくれない、経費の無駄遣いが多いなど、従業員管理面での問題の増加、トラブル発生のリスクがあります。

経営者の自由度の低下

・従業員を雇用すると、従業員の意見を尊重したり、労働基準法など
の法令を遵守したりする必要があり、経営者の自由度が制限される
場合があります。

▶ 組織化を検討する際のポイント

・**事業規模と成長性**：事業規模が拡大し、人手が不足している場合は、
組織化を検討するメリットが大きくなります。
・**財務状況**：人件費などの増加に対応できるだけの資金力があるか確認
が必要です。しっかり考えておかないと想像以上に苦しくなります。
・**経営者の時間**：従業員管理に十分な時間と労力を割けるか検討しま
しょう。時間と労力は多大にかかりますが、それでしか得られないも
のがあります。
・**リスク許容度**：労務トラブルなどのリスクをどの程度許容できるか、
自身の考え方と器のサイズに応じて判断しましょう。

個人事業主が組織化することは、**事業の成長には不可欠なステップで
すが、同時に新たな課題も発生します。メリットとデメリットを比較
検討し、ご自身の事業状況や将来のビジョンに合わせて、最適な判断を
すること**が重要です。

▶ 組織化するためには生活水準を上げるべからず

従業員を雇用すれば、当然ながら従業員に給料を払わなければなりま
せん。

しかしたとえば、月収30万円が60万円になった時、生活費を60万円
に上げたら当然ながら従業員は雇えません。

同じように、当社のデザインスクールの多くの卒業生も知り合いのフリーランスも、所得が上がったら、上がった分だけ生活水準も上げてしまいます。だから人を雇えないのです。雇えないからビジネスの規模もそれ以上上がらない、という現状維持と労働集約のサイクルにはまります。

　将来、==組織化したいのなら生活水準を上げないというのはフリーランス成功の第1のルールとして肝に銘じておいてください。==

　私の場合、フリーランスを始める時点で日本一のデザイン会社を作ると決めており、収入が上がっても生活水準はまったく上げなかったので、従業員を雇えたり、事務所を借りたりできました。そのおかげで周りのフリーランスと比べて飛躍的にステージを上げ続けることができています。

　法人化や組織化をすると、最初に人件費や事務所家賃などで支出が増えますが、長期的な視点で見れば事業規模が拡大し、利益も増えます。ゆえに法人化や組織化は出費ではなく、投資と捉えることが重要なのです。そうすれば個人の枠を超えて、フリーランスの次のステージに進める可能性が上がります。

あとがき

　この本を最後まで読んでくださったあなたは、はじめにページを開いたときよりも、一歩も二歩も前に進んだ感覚があるのではないでしょうか。

　かつて「自分のスキルは本当に売り物になるのだろうか？」と感じていたころより、いまや「自分にはこういう市場価値があり、こうした売り方がある」という、より明確な地図を手にしているはずです。

　はじめにお伝えしたとおり、会社員として培ったあなたの経験やスキルは、すでに市場から「買われてきた」実績があります。ただ、それを「個人」として、どのようにお金につなげるかを知らなかっただけ。本書で学んできたのは、その「方法論」や「仕組み」を再構築するための、1,000人以上のフリーランスを成功させてきた実績と経験に基づくヒントでした。営業・マーケティング・法務・財務、さらにはあなた自身をブランドとして世の中に示すための自己PR手法まで、体系的にお伝えしてきたつもりです。

　もちろん、この本は「こうすれば100％成功する」という本ではありません。本書でお伝えしたノウハウは、あくまで起点であり、あなた自身が行動に移し、修正を重ねて初めて価値が生まれます。実践の中で磨かれる知見こそが、あなたのフリーランスとしての価値につながります。ここまで読み進めたあなたは、もうそのことも理解しているでしょう。

　これから先、あなたが実践を始めれば、壁にぶつかることもあるでしょう。営業が思うようにいかない日もあれば、クライアントとの間に予想外の苦労をすることもあるかもしれません。そんなときは、ぜ

ひ本書を再び手に取ってみてください。あなたが置かれた状況を客観的に見つめ直し、解決策を見つけるヒントになるはずです。

　本書の知見が、あなたのこれからの一歩に少しでも役立ったのなら、これほど嬉しいことはありません。ここで得た知識やヒントは、時間とともに古びる部分もあるかもしれません。

　しかし、その「古び」を恐れる必要はありません。なぜなら、フリーランスとして成功し続けるためには、定期的なアップデートは織り込み済みだからです。市場は常に変化し、テクノロジーは進歩し続け、顧客のニーズも変わっていきます。その変化は人生のバリエーションそのものです。

　「完成形」というゴールは存在せず、あなたは今後も成長し続けるプロセスという「真の自由」の中に身を置くことになります。

　自由とは、無制限の解放を意味するのではなく、「自分で決める」という意志を行使し続ける行為そのものです。どの案件を引き受け、どの顧客と付き合い、どのような影響を社会に与えるのか——それらすべてをあなた自身が意志決定すること。それがフリーランスとしての醍醐味です。

　私の話を聞くのはそろそろ終わりにして、動き出しましょう。次はあなたのターンです。もしかすると、「本当にできるだろうか？」という不安を、心の片隅にまだ抱えているかもしれません。

　ですが、その不安は本当かもしれないし、ウソかもしれません。それは、あなたにしか確かめられないことなのです。だから、思い出し

てください。

　はじめに触れた、「自分らしく働きたい」「もっと自由に生きたい」というあなたの原初の想い。それは、いわばあなたの内側で燃え続ける薪です。その想いを消さずに、うまく炎へと育てていくのが、これからのあなたの課題でもあり、喜びでもあるのです。

　あなたが開けたこの本という扉の先には、まだ見ぬ世界が広がっています。これまで抱いてきた「このままでいいのだろうか？」という気持ちを晴らすためにも願いを叶えましょう。その願いを叶えるためのツールは、もうあなたの手の中にあります。あとは、あなたが舵を取るだけです。

　フリーランスとしての新しい未来は、決して遠い幻想ではありません。あなたが意志をもって動き出せば、その未来は現実へと形を変えていきます。

　あなたが歩む道はあなたが描くもの。本書は描き方の教科書であり、きっかけに過ぎません。あなたが自ら選んだ仕事、自ら築いた顧客関係、自ら編み出したビジネス戦略、それらすべてがあなたらしい人生を彩る要素となるでしょう。

　ここまで読んでくださったことに、心から感謝します。あなたの今後の成功と、幸せな生き方・働き方を、同じ道を生きる者として願っています。どうか、この本との出会いが、あなたの旅路における大きな力となりますように。これから先も、あなたが自ら切り拓いていく未来に、期待を込めて——。

2025年1月　大坪拓摩

特典

フリーランス Q&A

キャパオーバーの時はどうするか

Q. 案件が自分一人の手には負えないほど重なった時、どのようなメンタルで対処すればいいでしょうか？

A. フリーランスには仕事を途中で投げ出す無責任な人もいます。私も高額案件で逃げられた経験があります。納期が間に合わない場合は、誠意を持って謝罪することで信頼につながることもあります。

▶ プロとしての誠実さを忘れないこと

　途中で仕事を放棄すると、クライアントに大きな迷惑や損害を与えることがあります。私自身も過去にクライアントに迷惑をかけた経験があり、その際は無償で納品を完遂しました。**納期に間に合わない場合は、非を認めて誠意を持って謝罪し、締め切り延長を依頼したり、報酬を減額・返金するなどの対応が必要**です。こうした誠実な行動が、結果的に信頼を生むこともあります。トラブルは、背を向けて逃げるものではなく、前を向いて避けるものです。

　私は、フリーランスになって半年以内に月収100万円を目指し、数多くの案件を受ける挑戦をしました。その中で「プロとして恥ずかしくない行動を取る」という信念を大切にし、問題が発生した際は可能な限りの対応でクライアントの信頼を守りました。一方で、ゆっくり働く選択肢もあり、それならトラブルのリスクは少なくなります。

　最終的には、自分の目標や価値観に合わせて挑戦か安定かを選ぶことが重要です。高い目標に挑む人も、安定を重視する人も、それぞれの働き方でプロとしての誠実さを忘れないことが大切です。

フリーランスとして一番重要なことは？

Q. フリーランスになるにあたって最初に心がけなければいけない一番大事なことは何でしょう？

A. フリーランスになりたい人全員に幸せになってほしいという観点から答えると、礼儀と感謝だけは押さえておきましょう。

▶ フリーランスだからこそ人間関係が大事

　短期的に成功しても、自己中心的な稼ぎ方をしていると、いざという時に誰からも助けてもらえず、すぐに消えてしまうフリーランスは少なくありません。一方で、**普段から人を大切にし、丁寧なプロセスで仕事をしていれば、ピンチの時に周囲が手を差し伸べてくれます。** たとえば、職場で後輩や部下を助けた場合、「ありがとうございます！」と感謝する人と、お礼も言わず音信不通になる人なら、次に困った時に助けたいと思えるのはどちらでしょう？　答えは明白です。

　フリーランスは頼れる仲間が重要です。会社員なら病気で休んでも同僚がカバーしてくれますが、フリーランスはそうはいきません。だからこそ、助け合える人間関係を築いておくことが、長く活躍するための鍵となります。私自身、礼節を重んじ、人とのつながりを大切にしてきたおかげで、独立後15年間、右肩上がりの収入を維持しています。2年目以降はほとんど営業せずとも、多くの案件が紹介されるようになりました。**それはデザインのスキルだけでなく、コミュニケーションスキルを磨き、取引先と良好な関係を築いてきた結果**です。

　礼節と感謝を忘れず、全ての人との良好な関係を心がけましょう。それが、あなたのキャリアを支える大きな力となります。

特典 フリーランスQ&A

給料アップの交渉のタイミングは？

Q. 今、私は会社員として事務の仕事をしています。社長にデザインスクールでデザインについて勉強していることを伝えたところ、余裕がある時にバナーやホームページなども作ってほしいと言われました。それを了承すると、本業とは違う仕事が増えるわけなので、給料を上げていただきたいのですが、その交渉はどのタイミングで行うべきしょうか？

A. 今の職場で給料は保証されている状況で、社長からデザインもやってほしいと言われているのであれば、現状の給料のままデザインをやればいいと思います。

▶ 会社と交渉する前に実力をつけることが重要

　会社員として安定した時給があるのは大きな強みです。**まずは感謝しつつ経験を積み、実力がついた段階で転職や独立を考えればよい**のです。その際、条件次第で会社に残るか新しい環境に進むかを決めればいいだけです。

　重要なのは、まず実力をつけることです。私も同じ状況で、派遣社員として週5日働きながらデザインの仕事を続け、やがて会社内で営業資料のデザインを改善したことで評価され、デザイン案件を多数任されるようになりました。その後、会社と交渉し、週2日勤務で月額15万円という契約を得ました。これが私の初めてのフリーランス案件です。

　このように、焦らず実績を積み上げれば、交渉もうまくいき、より良い条件を引き出せます。じっくりと自分の価値を高めていきましょう。

営業の方向性で悩んでいます

Q. 美容室のオーナーに自分のデザインを見せたところ、反応は悪くなかったのですが、集客用デザインにお金をかけたくないと言われました。今後、次の3つの方向性で悩んでいます。①予算がないなら時間をかけず、他の店に営業をかける。②成功報酬型でやらせてもらう。③スキルアップしてから再度営業する。

A. 確かに営業先が表面上はいいですねと言っていても、本心ではまったくいいと思っていないというのは営業あるあるです。私は、一緒に食事に行けるような仲なら、初めにあなたが挙げた3つをそのまま相手にぶつけて、本当のところはどう思っているのかを聞きます。よく商談でも本音をぶっちゃけています。

▶ 実績をゼロから1にすることがフリーランスの第一歩

相手が「頼みたいが予算がない」と言った場合、無料でデザインを提供し、そのデザインをポートフォリオに載せて良いか確認します。これにより、実績がゼロから1に変わり、次の営業活動がしやすくなります。**1件目は無料でも、実績を得ることが重要です。**その後、2件目からは少し安めの価格で受注し、実績を積み重ねていきます。実績が増えると、営業が進みやすくなり、**最終的には正規料金で案件を取れるようになります。**

もし相手がデザインに満足しない場合、その理由をヒアリングして、自分のデザインをどう改善すれば価値を感じてもらえるかを探ります。そのフィードバックを次の営業に活かすことで、より多くの案件を受注できる可能性が高くなります。

特典 フリーランスQ&A

情報収集はどのようにすればいいですか？

Q. フリーランスとしてどのように情報収集をすればいいか教えてください。

A. 世の中で目にするものすべてが制作の参考になります。私はそれらを見て、どうしたらもっとよくなるかを常に考えています。

▶ 常日頃からアンテナを立ててプロとしての目を肥やす

　社員とどこかに出かける時も、電車の中の広告を見て、デザインのいいと思う点や悪いと思う点、それぞれの理由、改善案を聞いています。そして、**いいと思ったものは片っ端から収集**しています。すべてはクリエイターとしての目を肥やすためで、**とにかく数をこなすことが重要**です。また、駆け出しデザイナーあるあるですが、デザインを作っている時はいい感じに思えるけれど、1か月後に見るとそんなに良くないなと感じることが多いと思います。でも上級者は作っている時に良くない点に気づけます。

　この、**なるべく早い段階で自分で気づけるかどうかがかなり重要**なのです。なぜなら、気づくまでの時間が長ければ長いほど、修正にかけられる時間が短くなり、最悪の場合、納期に間に合わなくなるからです。デザイナーとしての目が肥えていれば、その気づくスピードを上げることができ、納品する時には何度もブラッシュアップされた完成度の高い作品になっているので、クライアントの満足度も上がるわけです。

　視界に入るすべてのものが収入アップのネタになります。あなたがデザイナーであれば**いいと思ったデザインは集めて、その理由を分析して、それを自分の作品作りに転用できるようにしてください。**

ヒアリングスキルを上げるためには どうすればいい？

Q. クライアントが求めるものが曖昧で、イメージが湧きません。どうすればデザインのポイントを的確に聞き出せますか。

A. 欲しいデザインのイメージを他者に伝えるのは想像以上に難しいです。イメージがつかめない場合は、いくつかのデザイン見本を見せて、「どれが作りたいデザインに近いか？」と聞くのが効果的です。

特典 フリーランスQ&A

▶ 一つ一つ実績を積み上げた先に実現できる夢がある

クライアントのイメージをつかむには、**見本を見せて具体的な質問を重ねること**が大切です。例えば、「明るい感じのデザインがいい」と言われたら、さらに深掘りして希望を明確にします。ヒアリングに慣れると効率的に質問できるようになります。デザインのスピードを上げるためには、ヒアリングシートを使ってラフデザインを描き、料金を提示。その後、見積書を送って契約、作業を迅速に進めます。スキルと営業力を高め、効率を意識することで時給も上がります。

「フリーランスには夢がある」とよく言われます。しかし、夢は努力なしではただの夢に過ぎません。夢を現実にするには、膨大な努力が必要です。地道に一歩一歩積み上げた人だけが夢を実現できるのです。宝くじを買って夢を買うより、一生懸命努力した方が夢を叶える可能性が高いです。成功したければ、地道に頑張るしかありません。その**地道な努力を続けるからこそ、夢を実現し、人生を夢中で生きることができる**のです。

大坪　拓摩

1986年、東京都生まれ。15歳で飲食店でのアルバイトを始め、武蔵野美術大学建築設計学科を中退後、スーパーゼネコンの現場監督として従事。"徹夜ゲーム"で身につけた体力と精神力を武器に月450時間にも及ぶハードワークをこなし、圧倒的な成果を上げるも、上司のような人生を歩む未来を想像できず退職。その後、独学でデザイン全般を習得し、起業。「自分が100点を取るより、勉強が苦手な同級生に100点を取らせるほうが面白い」と幼少期から培ってきた"クライアントファースト"の視点が顧客の心をつかみ、起業からわずか半年で月収150万円を達成。また、IT、セールス、プロジェクトマネジメント、Webデザイン、マーケティング、コピーライティングなど、約30業種にわたる経験を活かし、フリーランスながら最高月商2,000万円超を記録。その後、株式会社日本デザインを設立。これまでに1,000名以上の起業家やフリーランスを育成。「日本の教育を変える」ことを目指し、単なる知識ではなく、実社会で即戦力となるスキルを提供する教育を広めている。また、デザインを通じて日本の国力と幸福度を高めることをライフワークとしている。著書に『見るだけでデザインセンスが身につく本』(SBクリエイティブ)があり、TBS、テレビ東京、TOKYO MXなど多数のメディアに出演。座右の銘は「人は人隣に人と成り」。

【決定版】フリーランスビジネス大全
ゼロから月収100万円を達成する完全攻略ロードマップ

2025年1月14日　初版発行

著者／大坪　拓摩

発行者／山下　直久

発行／株式会社KADOKAWA
〒102-8177　東京都千代田区富士見2-13-3
電話 0570-002-301(ナビダイヤル)

印刷所／TOPPANクロレ株式会社

製本所／TOPPANクロレ株式会社

本書の無断複製(コピー、スキャン、デジタル化等)並びに
無断複製物の譲渡および配信は、著作権法上での例外を除き禁じられています。
また、本書を代行業者等の第三者に依頼して複製する行為は、
たとえ個人や家庭内での利用であっても一切認められておりません。

●お問い合わせ
https://www.kadokawa.co.jp/ (「お問い合わせ」へお進みください)
※内容によっては、お答えできない場合があります。
※サポートは日本国内のみとさせていただきます。
※Japanese text only

定価はカバーに表示してあります。

©Takuma Otsubo 2025 Printed in Japan
ISBN 978-4-04-607150-7　C0034